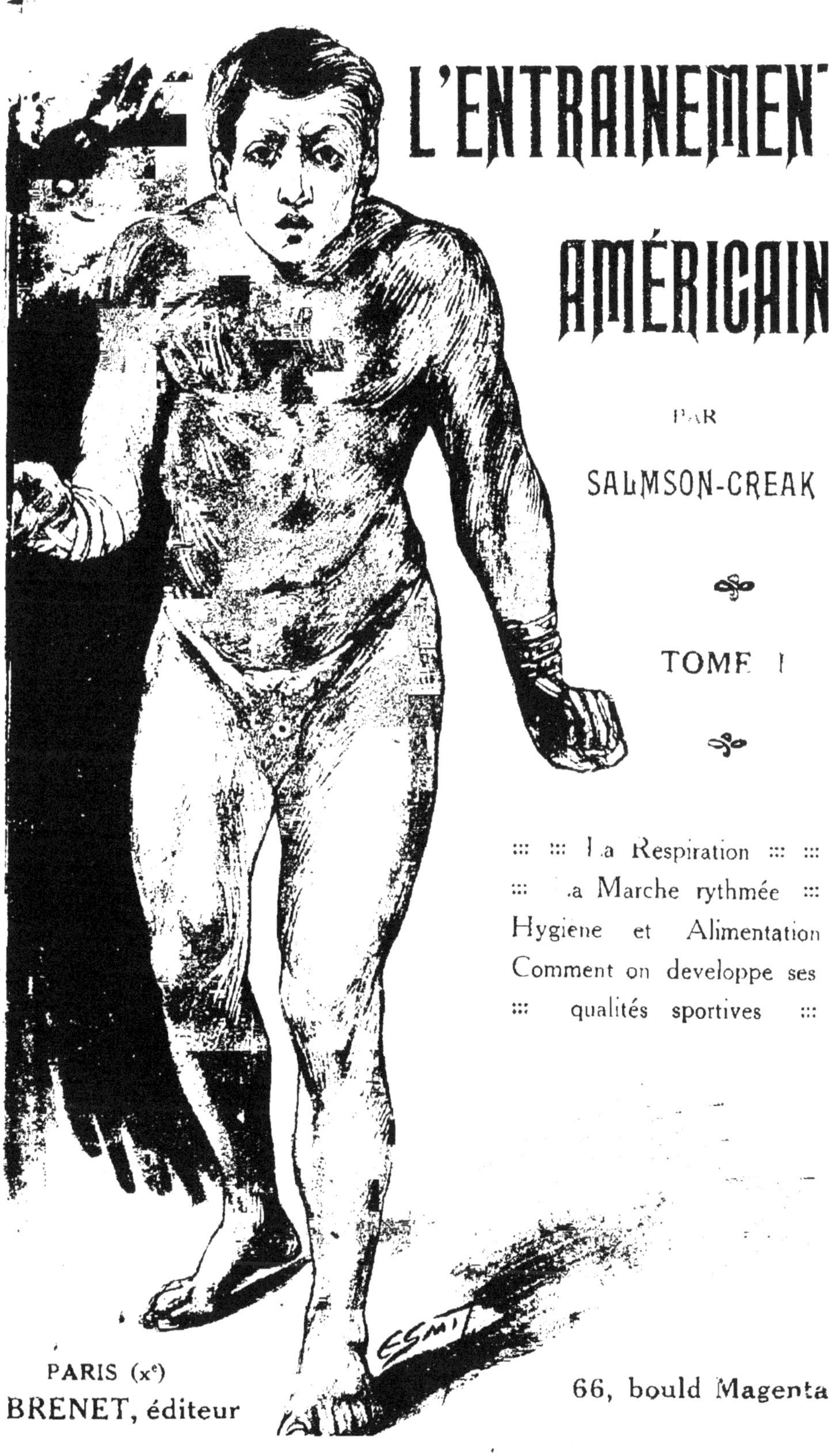

L'ENTRAINEMENT AMÉRICAIN

PAR

SALMSON-CREAK

TOME I

::: ::: La Respiration ::: :::
::: La Marche rythmée :::
Hygiene et Alimentation
Comment on developpe ses
::: qualités sportives :::

PARIS (x^e^)
BRENET, éditeur
66, bould Magenta

L'Entraînement à tous les Sports

GUIDES DU PARFAIT SPORTIF

L'ENTRAINEMENT AMÉRICAIN

L'Entraînement à tous les Sports

PAR

SALMSON-CRAEK

TOME I

P. BRENET, Editeur
66, BOULEVARD MAGENTA, 66
PARIS (Xe)

TABLE DES GRAVURES

I

Lorsque l'effort se manifeste extérieurement par une grimace ou une déformation du corps, on a brisé quelques petits vaisseaux, rompu la ténuité des muscles, déséquilibré le squelette. En un un mot, on a fait œuvre néfaste à soi-même, sans parvenir à étonner les assistants.

Au point de vue athlétique pur, battre un record ne signifie rien, si l'on est incapable de soutenir ou de répéter un résultat identique.

Pour prouver que l'on est réellement un sportif, il faut que l'accomplissement de toute performance ait lieu, en conservant le *sourire*.

Nous voyons autour de nous la plupart de nos apprentis sportsmen s'entraîner par exemple à la course, au lancement du disque, sans être en possession d'une résistance et d'une élasticité générale.

C'est, à notre avis, mettre la charrue avant les bœufs, chercher un succès purement temporaire, en détruisant sa santé et en s'enlevant toute possibilité future d'atteindre à la véritable qualité d'athlète.

Nous croyons que c'est à cette façon de procéder qu'est dû le manque de brillant des représentants français dans nombreux concours internationaux.

En réalité, l'entraînement sportif général devrait avoir un minimum de durée de trois années environ, et ce ne serait qu'après ce temps révolu, qu'il sera permis au sujet de discerner ses dispositions particulières, soit pour le saut, soit pour le lancement du disque ou la course.

Nous dirons même que le joueur de rugby qui ne sera également un athlète au corps parfaitement assoupli, à la charpente résistante, ne sera jamais qu'un joueur médiocre.

Le corps humain forme un tout complet et le moindre exercice le met en mouvement en son entier, jusqu'à ses fibres les plus intimes.

Croire que l'on réussira à la course à pied avec une colonne vertébrale défectueuse est simple fantaisie. Supposer qu'une partie de rugby pourra être gagnée avec des articulations non assouplies est tout aussi puéril.

Le sportif aux os frêles, aurait-il des muscles en apparence parfaits, ne sera jamais un athlète, mais un amateur susceptible d'étonner une fois un public, en se préparant en même temps une vieillesse, voire un âge mûr, proche de la faiblesse physique.

En sport athlétique, on ne fait pas de sélection, elle se fait toute seule, suivant les dispositions particulières de l'individu, lorsque l'harmonie du corps est complète.

Nous insistons particulièrement sur ce point, parce qu'il semble qu'en France, on l'ait absolument perdu de vue.

Chacun veut briller dans une spécialité, sans avoir pris la peine, au prealable, d'avoir acquis une force de résistance suffisante. Autrement dit, l'aspirant sportif, manque de ténacité, d'esprit de suite et de patience.

Rien ne se crée en un jour, le développement au maximum de la vigueur physique dépend autant du squelette, que des muscles ou de la circulation du sang. Que l'une de ces parties d'un tout indivisible soit en défaut et voilà l'équilibre anéanti au profit d'un détail souvent insignifiant.

Bien mieux, on a fait un pas plus rapide vers la sénilité et la faiblesse.

Les Grecs comprenaient l'athlétisme autrement, puisque le vainqueur des Jeux Olympiques servait de modèle au sculpteur, ce qui était sa plus belle récompense. Et lorsque l'on examine des œuvres d'une aussi belle pureté de lignes que le *Discobole* de Myron ou le *Gladiateur* d'Agasias, on se demande avec une amère ironie, si nos athlètes modernes vaudraient la peine que l'on tentât pareil travail.

Répétons-le : tout se tient dans le corps humain et pour nous en rendre compte, faisons un peu d'anatomie.

L'absence de ces premières connaissances est, le plus souvent, la cause des mauvais procédés d'entraînement.

Chacun donne ses idées, suivant ce qui lui a réussi à lui-même et l'on arrive ainsi à une multitude de préceptes qui s'enchevêtrent les uns les autres, pour aboutir au désordre le plus néfaste.

Quelques docteurs ont voulu réagir, mais on a coutume de n'écouter le docteur que lorsque l'on sent en soi le germe de la souffrance.

Nous allons tenter à notre tour de remonter ce courant, de prendre l'entraînement sportif à son début, sans nous embarrasser des méthodes plus ou moins scientifiques, lancées dans le courant des idées, par des voix aussi mystérieuses qu'inconnues.

Plus jeune sera le sujet qui adoptera ce procédé d'entraînement, meilleurs seront les résultats à l'âge d'homme.

Néanmoins, quiconque voudra suivre nos indications, reconnaîtra en lui une amélioration physique, aussi bien en vigueur, qu'en santé, ce qui est différent.

Nous avons connu personnellement des excellents joueurs de tennis qui, aux premiers froids, étaient au lit, avec la bronchite chronique qui les traînera au tombeau.

Nous avons vu des sauteurs émérites qui ne pouvaient traverser un pont sans agoraphobie.

Tous ceux là ne sont pas des athlètes, ce sont des clowns, des équilibristes, des prestidigitateurs, tout ce que l'on voudra, jamais des sportifs dignes de ce nom.

Ceci dit, étudions rapidement le corps humain et cette étude, aussi brève soit-elle, nous montrera ce que doit être l'entraînement rationnel.

II

Lorsque l'on examine un squelette, on constate que la colonne vertébrale est la partie principale, celle qui soutient toute la charpente humaine.

La colonne vertébrale est composée de petits os circulaires, creux en leur centre.

Ces os ne sont pas soudés ensemble, ce qui donnerait à l'appareil entier une rigidité interdisant tout mouvement du tronc.

Ils sont au contraire séparés entre eux par des disques fibreux, sorte de coussinets qui leur permettent de se superposer, de se déplacer sans heurt. Le bon entretien de ces coussinets, fait la souplesse du tronc et ce n'est que par les mouvements d'assouplissement qu'on leur conserve leur élasticité.

Les vertèbres sont divisées en :

7 cervicales qui intéressent la région du cou.

12 dorsales qui forment le dos.

5 lombaires qui se trouvent à la hauteur des reins.

Le tout terminé par le sacrum et le coccyx que nous étudierons plus loin.

C'est sur la deuxième vertèbre cervicale, que se meut la tête, c'est un véritable pivot sur lequel tourne la boîte crânienne tout entière.

Les exercices de la tête et du cou sont donc nécessaires pour entretenir la souplesse de cette partie du corps. De même les massages auront une influence, quoique cette influence se fasse plutôt sentir sur les muscles.

Mais ce n'est pas tout : les os annulaires que sont les vertèbres sont retenus entre eux par deux bandes de ligaments qui se placent de chaque côté de la colonne vertébrale, sur sa face postérieure.

Ces ligaments peuvent être comparés à des

tissus caoutchoutés s'étendant et se rétrécissant suivant que l'on tire ou qu'on les abandonne à eux-mêmes.

Par la force rétroactive de ces ligaments, la colonne vertébrale est ramenée dans la position verticale, sans faire agir les muscles.

On comprend dès lors que l'exercice d'assouplissement du torse a une extrême importance pour conserver à ces bandes fibreuses toute leur élasticité.

Pour mieux nous faire comprendre, reprenons la comparaison précédente et considérons un morceau de caoutchouc abandonné à la sécheresse. Il deviendra dur, cassant. Si au contraire, nous l'entretenons dans l'humidité, si nous l'étirons souvent, il

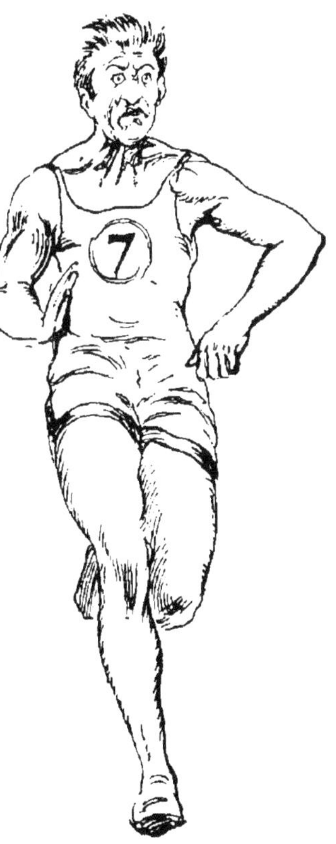

Figure 1.
Le mauvais athlète.

jouira longtemps de ses qualités propres.

Il est inutile d'insister pour saisir que cette souplesse de la colonne vertébrale est de première nécessité, quelque soit le sport que l'on cultive.

Sans cette souplesse, le joueur de tennis ou de rugby, sera un échalas; le sauteur, un acrobate destiné à se briser les jambes; le coureur un essoufflé après la plus minime distance.

Ce ligament qui réunit ainsi les vertèbres pour en former un tout flexible, s'appelle le *ligament jaune.*

Les douze vertèbres dorsales soutiennent les côtes, nous n'insisterons que fort peu sur cette partie du squelette. Qu'il nous suffise de remarquer que de la résistance des os qui les composent, dépend la résistance de l'athlète lui-même. Le boxeur qui encaisse, a une ossature solide.

Il existe en outre tout un appareil de cartilages qui réclame, comme le ligament jaune, les exercices d'assouplissement des bras, pour conserver son élasticité.

Les côtes qui partent en arrière de l'épine

dorsale, sont réunies en avant par un os long qui se nomme le sternum. Les deux dernières côtes sont détachées en avant, d'où leur nom de côtes flottantes.

Le sternum, chez l'adulte, est d'environ 19 à 20 centimètres.

Mais les côtes ne sont en réalité qu'une cage destinée à protéger les organes essentiels de la vie.

Si nous remontons maintenant vers l'épaule, nous voyons que celle-ci est formée de deux os : la clavicule en avant; l'omoplate en arrière.

Ici nous allons immédiatement constater l'influence des exercices de force sur la grosseur des os. En effet, on a pu remarquer que l'athlète faisant des poids, a l'omoplate extrêmement proéminente.

De ce fait, on peut tirer l'axiome suivant : un os est d'autant plus fort, plus épais, qu'il participe à des mouvements plus violents.

Voici une vérité qu'il est utile de retenir, car lorsqu'il s'agit d'entraînement sportif, on parle toujours des muscles et jamais du squelette.

Cette vérité nous allons la retrouver en examinant le bras.

Celui-ci, dans sa partie supérieure, est formé d'un os long, cylindrique : l'humérus.

De la puissance de cet os dépendra évidemment la vigueur totale du bras.

L'humérus sera donc ici le facteur de résistance, tandis que les os de l'avant-bras : le radius en dessus, le cubitus en dessous, seront les facteurs du mouvement.

En effet, lorsque la main tourne, passant de la position ordinaire, c'est-à-dire la paume en dedans, à la position en supination, c'est-à-dire la paume en dehors, les deux os se croisent.

Donc tout effort de force agira sur l'humérus, tout exercice d'assouplissement sur le radius surtout, puis sur le cubitus, celui-ci restant fixe durant la rotation du premier.

Mais ce n'est pas tout : lorsque le bras monte ce sont d'abord ses articulations propres qui travailleront, jusqu'à ce qu'il se trouve dans l'horizontale. A partir de ce moment, l'omoplate ou plutôt l'épaule tout entière se déplace. Il en résulte que la grosseur de la clavicule est en raison directe de la fréquence de ce mouvement des bras.

Pour les jambes, nous retrouvons des os identiques : En haut : un os unique, rond, muni d'une cavité à son extrémité inférieure et d'un renflement en forme de pomme à sa partie supérieure. C'est le *fémur*, l'os de résistance de la jambe, comme l'*humérus* est celui du bras.

Le bas de la jambe à son tour est composé de deux os accolés : *tibia* et *péroné.*

Le tibia, le plus long des deux, se trouve à la partie antérieure du mollet.

C'est la mobilité de ces deux os qui permet les mouvements et les torsions du pied.

Les deux segments de la jambe sont réunis au genou par la rotule, qui est un petit os rond roulant dans les deux cavités du fémur et du tibia.

Nous ne parlerons ni des mains, ni des pieds, qui sont formés d'une série de petits os retenus ensemble par des ligaments.

Nous avons dit au début de ce chapitre que la colonne vertébrale soutenait la charpente entière. Nous nous en rendons compte en constatant qne le sacrum qui se trouve à sa base, s'emboîte dans les deux os iliaques, sorte de cuvettes dont la réunion n'est autre chose que le bassin.

Ces deux parties sont réunies ensemble par le système de ligaments indiqué plus haut.

Ces ligaments se continuent et vont rejoindre les jambes, ce qui fait du squelette entier, un tout articulé, composé de pièces détachées que les bandes fibreuses maintiennent ensemble.

Enfin, disons quelques mots des articulations en général, sans nous arrêter aux légères différences que présentent quelques-unes d'entre elles, comme celles du bassin et du genou.

Nous pouvons considérer une articulation comme formée d'une cavité à un os, dans laquelle roule la tête en pomme de l'os correspondant. La jonction se fait au moyen d'un manchon fibreux qui part de la partie postérieure de la cavité, s'allonge pour enfermer la tête du second os et va se fixer un peu en arrière.

Comme pour le ligament jaune, les exercices

d'assouplissement seuls, permettent à ces corps fibreux de conserver l'élasticité qui leur est nécessaire dans tous les actes de la vie courante.

Il existe assurément d'autres facteurs qui sont passibles de l'hygiène en général, et de l'hygiène alimentaire en particulier.

Quoiqu'il en soit, d'après ce bref exposé, on comprend l'importance du squelette proprement dit, dans la valeur athlétique de l'individu.

L'élasticité des ligaments quels qu'ils soient, dépendra donc de certains mouvements appropriés et exécutés d'une façon rationnelle.

De même cette élasticité n'est obtenue que par un travail patient, mesuré et non point par des efforts brutaux, qui les déchirent au contraire et laissent tout le système dans un état traumatique à peu près inguérissable.

En résumé : chaque exercice de gymnastique, assouplit une masse déterminée de corps fibreux et renforce un os de résistance ou de mouvement.

On conçoit dès lors, le rôle important que joue aussi l'alimentation dans la préparation sportive.

III

Par ce qui précède, on conçoit que les os ne sont que des éléments passifs et qu'il doit exister un agent actif destiné à mouvoir ce squelette. Cet agent, c'est le système musculaire.

Le muscle est formé d'un tissu particulier, appelé *tissu musculaire*, dont la propriété est de pouvoir se contracter ou se relâcher, sous l'impulsion de la volonté.

Il s'attache au squelette par ses extrémités nommées *tendons*.

Une membrane fibreuse l'enveloppe : *l'aponevrose*.

On reconnaît trois sortes de muscles :

Les *muscles longs*, d'apparence fusiforme qui sont répandus sur les parties longues du corps, bras, jambes, cuisses, avant-bras.

Les *muscles larges*, de forme aplatie, qui sont disséminés sur le torse.

Les *muscles courts*, qui se fixent directement aux os, sans l'intermédiaire des tendons et que l'on trouve sur les mains, les pieds, la face.

Quoiqu'il en soit, l'exercice aura uniquement pour but de favoriser l'élasticité de ces muscles. Leur résistance à l'effort par conséquent sera le même pour le muscle long, ou le muscle large.

La première masse de muscles, dite superficielle est visible au modelé du corps; une seconde, dite profonde, se cache sous la première, mais son rôle est à peu près le même.

Le muscle *grand pectoral*, qui part du sternum pour aller s'attacher à la partie supérieure du bras, lorsqu'il est très développé, favorisera la résistance à l'encaissement chez le boxeur. Son rôle principal cependant est de faire mouvoir le bras tout entier, en agissant sur l'humérus. Il sera en outre le régulateur de la respiration et son développement est nécessaire dès le premier entraînement. C'est également le muscle de la nage, de l'aviron. Il est rangé dans la catégorie des muscles superficiels.

Le grand pectoral, se continue à l'épaule par le *deltoïde*, qui complète l'action du précédent et subit dans l'entraînement, la même progression que lui. Il recouvre l'épaule et sa forme est à peu près celle d'un cône.

Son développement est des plus nécessaires pour l'athlète, à cause justement de son peu de disposition à l'effort. Son action consiste à élever le bras dans la position horizontale, soit en avant, soit sur le flanc.

Vient ensuite le biceps que chacun connaît et qui doit son nom à ce fait qu'il est double. Ses deux branches partent du creux de l'aisselle, sous le grand pectoral, elles contournent les deux bords du bras et viennent se rejoindre en sa partie moyenne, à l'endroit où quiconque l'a remarqué.

Son rôle consiste à mouvoir et surtout à soulever l'avant-bras, et par conséquent entraîner la flexion du coude.

On voit immédiatement à quels sports, en particulier, son développement est destiné.

Disons qu'au point de vue de l'athlétisme général, son intérêt est secondaire.

Un muscle identique se retrouve à la cuisse et dont l'action est destinée à soulever le mollet. C'est le muscle par excellence du marcheur et du sauteur.

Nous ne parlerons pas des muscles supinateur, promoteur, palmaire, péronier..., etc., dont le développement se produit normalement par la culture physique ordinaire.

Disons plutôt quelques mots du *grand oblique*, qui couvre le devant et le côté de l'abdomen. Sa résistance est des plus importantes, sans elle pas d'athlétisme possible. C'est lui qui fait mouvoir le tronc tout entier, soit en avant, soit en arrière ou de côté. Comme il est double, sa contraction à droite par exemple, entraîne le fléchissement du côté opposé.

Dans tout effort physique, il joue un rôle primordial, soit en retenant les organes, soit en mettant en action les muscles adjacents.

Parmi les muscles profonds, nous considérerons le *grand droit* de l'abdomen. Il consiste en deux longues bandes parallèles de chaque côté de la ligne médiane du ventre. Il s'insère en haut, sous le grand pectoral et va s'accrocher au pubis qui est l'os double que l'on trouve au bas-ventre. Sa largeur va en diminuant à mesure qu'il descend.

Son rôle est le fléchissement du tronc et l'inflexion de la colonne vertébrale. Son développement est obtenu par les mouvements adéquats, l'obligeant à s'étirer et à se contracter tour à tour.

Sous sa partie inférieure et invisible à l'œil, se cache le muscle *pyramidal*, dont l'importance est certaine pour le saut, la course.

Sous les glandes lymphatiques de l'aine passe le *psoas* dont le développement sera toujours favorisé par les longs massages et dont le rôle est considérable dans le lancement du disque.

Il est impossible de se faire une idée de ce système musculaire, sans se reporter aux figures ci-contre. Ici encore un schéma en dira plus qu'un long discours.

Mais ce court exposé suffit à nous fournir les raisons de ce que l'on a accoutumé d'appeler la gymnastique suédoise, et qui est en réalité connue en France depuis de nombreuses années.

On atteint les muscles profonds par les mouvements rythmés ; les muscles superficiels, par les mêmes mouvements et aussi par les massages appropriés.

Nous nous résumerons, en disant que le système musculaire le plus important au point de vue athlétisme, est celui qui intéresse le tronc. Les autres ne sont que secondaires et leur puissance sera acquise par des exercices spéciaux que nous étudierons au moment voulu.

Enfin, comme pour le squelette, l'état des muscles dépend de la nutrition. Tout entraînement, non accompagné du régime alimentaire, sera à peu près inefficace.

IV

Le squelette et les muscles sont la machine, mais quel est l'élément nouveau qui fait mouvoir cette machine?

C'est la circulation.

La circulation irrégulière, c'est la puissance de certains muscles, au détriment des autres.

Une mauvaise circulation, c'est la faiblesse du système musculaire tout entier.

Or la circulation est essentiellement facteur de la respiration.

Apprenons donc tout d'abord à respirer convenablement, si nous avons la prétention de devenir un sportif.

Ce sera la base absolue de tout entraînement rationnel.

Les méthodes des docteurs Boysen et Pescher sont excellentes, et nous conseillons aux aspirants athlètes d'en prendre connaissance.

Nous en indiquons cependant une autre ici, que nous ne considérons point comme supérieure, mais qui a l'avantage de permettre en même temps l'entraînement à la marche, ce qui est autant de gagné.

La respiration pour être parfaite, doit être profonde sans excès, d'une quasi absolue régularité. L'inspiration sera toujours égale à l'expiration et ni l'une ni l'autre ne seront précipitées.

La plupart des jeunes gens s'adonnant aux sports ignorent totalement que la majeure partie de leurs insuccès est due à une mauvaise respiration qui, outre la fatigue du cœur, entraîne un épuisement rapide des forces musculaires.

D'autre part, on respirera mal en demeurant immobile, il est préférable de s'exercer en se déplaçant, c'est pourquoi nous insisterons sur notre méthode, qui doit produire des résultats à peu près immédiats.

L'essoufflement est toujours l'indice d'un déséquilibre physique, dont la cause peut être morale, comme dans l'émotion. Dans le cas qui nous occupe, il est surtout causé par le surmenage plus ou moins long du cœur.

Or lorsque le cœur ne va pas, il est évident que la machine entière est détraquée.

L'arrêt très court des battements du cœur, comme leur rapidité, arrête le coureur, lui brise les jambes, empêche les mouvements de contraction des muscles, met le boxeur knock-out, fait couler le nageur, entraîne la chute du sauteur.

Il est donc bien nécessaire de respirer convena-

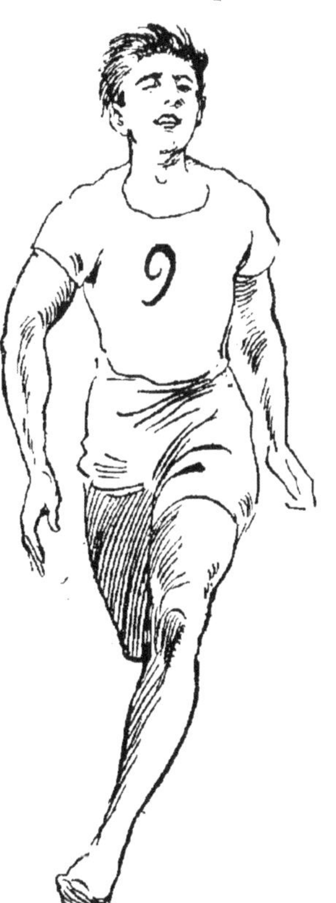

Figure 2.
Le bon athlète.

blement, avant d'essayer un entraînement spécial quelconque.

On pourrait croire que l'on sait respirer en naissant, comme le poisson sait nager. C'est là une erreur assez commune.

On respire certes, pour vivre, mais le plus souvent mal si l'on souhaite soutenir un long effort, aussi bien moral que physique.

Ne faisons pas de gymnastique suédoise, de culture physique en chambre, avant d'être absolument maître de notre respiration. Ce serait, là encore, placer la charrue avant les bœufs; ce serait déséquilibrer les fonctions cardiaques, nuire aux poumons, faire supporter aux muscles un travail trop pénible, affaiblir certaines parties du squelette.

Toute méthode autre, n'a pu être profitable qu'à des sujets d'élite, capables de supporter un effort momentané, sans grande déperdition de vigueur.

Or, pour obtenir le résultat désiré, il existe un procédé simple, celui que nous appellerons : la marche normale avec respiration rythmée.

Il y a là un moyen mécanique à la portée de tout le monde. Voici en quoi il consiste.

V

Tout d'abord, le costume :

Sur le torse : un sweater avec col montant; dessous : rien, ou une chemise lâche.

Aux jambes : un pantalon court, non serré, ou, dans l'impossibilité, pantalon ordinaire, mais léger et lâche, n'étreignant pas la taille, ne gênant pas le mouvement du genou. Jamais de bretelles : une ceinture large, si c'est nécessaire.

Comme chaussure : espadrilles avec semelle de cuir souple et talon bas.

Ceci établi, choisissez un parcours défini, de préférence sur une route droite et d'environ un kilomètre. Ne pas tourner en rond soit dans une cour ou dans une chambre, ce qui est néfaste.

Ce parcours sera toujours le même, tout le temps que durera l'entraînement, ce qui changera *peu à peu* ce sera le temps que vous mettrez à le couvrir.

La distance d'un kilomètre est à adopter autant que possible dans tous les cas.

Ce kilomètre doit être couvert par une marche normale, la marche que vous avez habituellement.

Pour accomplir cette marche, une position spéciale est nécessaire, la voici :

Prenez une canne, placez-la contre vos omoplates, glissez les bras par dessus, remontez l'avant-bras par devant et saisissez les extrémités avec les quatre doigts, le pouce en-dessous.

Dans cette position, demeurez un instant, sans faire d'effort, afin de permettre aux organes de se placer normalement, aux muscles de s'étendre sans heurt.

Lorsque vous vous sentez libre de vos mouvements, c'est-à-dire que plus rien ne vous gêne, commencez la marche.

Pour celle-ci, astreignez-vous absolument au procédé suivant, qui est la base de tout l'entraînement.

1° Faites une inspiration en comptant mentalement : 1, 2, 3, 4.

Chaque nombre, 1, 2, 3, 4, doit correspondre à un pas, par conséquent à la fin de l'inspiration, vous avez fait quatre pas.

Recommencez à compter : 1, 2, 3, 4, et expirez en même temps.

Durant l'expiration, vous aurez fait encore quatre pas, donc huit pas, pendant toute la durée de la respiration.

Maintenant précisons que : le pas doit être le pas normal, suivant votre taille et non un pas allongé ou raccourci. La moyenne sera de 71 centimètres pour l'adulte.

2° La respiration doit avoir lieu par le nez, la bouche hermétiquement fermée. Le comptage évidemment se produit mentalement, c'est-à-dire sans qu'il soit nécessaire de prononcer les nombres, ce qui serait une fatigue inutile.

Ceci compris, revenons à notre marche. En comptant et respirant ainsi, vous devez couvrir votre kilomètre, sans hâte, comme sans traîner, cependant en négligeant absolument la durée qui n'a ici aucune importance.

Ne jamais s'arrêter en route; si l'on commet une erreur dans le comptage, on reprend en corrigeant sans cesser pour cela de marcher.

Toujours tenir la canne, mais sans raideur. Le cou, la taille seront aussi libres que possible, sans toutefois prêter une grande attention à leur manque de flexibilité au début. Celle-ci viendra d'elle-même après quelques jours de marche.

Arrivé au bout de votre kilomètre, vous retirez la canne, laissez à votre corps reprendre son attitude ordinaire et vous revenez en arrière, sans compter, sans prêter attention à votre pas. Ce sera le repos naturel après le premier effort.

Cet exercice doit être répété au moins pendant une quinzaine de jours, avant d'atteindre une réelle élasticité dans la démarche. Au début, on ressentira une véritable fatigue, ce sera donc lorsque cette fatigue ne sera plus sensible, que l'exercice deviendra un véritable amusement, que l'on passera au deuxième stade de l'entraînement.

Nous fixons une période de quinze jours, celle-ci n'est assurément pas immuable, il faut cependant la considérer comme un minimum.

Ne dites jamais : oh, je réussis parfaitement cet exercice, je puis passer au suivant. Non, ayez un peu de ténacité et d'esprit de suite, astreignez-vous au moins à quinze jours de cet entraînement du début.

On ne devient un athlète, qu'avec de la patience, de l'énergie, de l'entêtement. Pour être athlète, il faut autant de qualités morales, que physiques, et par l'exercice, on assouplit aussi bien le moral que le corps.

Admettons donc que vous couvrez ce premier kilomètre de marche rythmée, sans fatigue.

Nous passons alors au deuxième temps de l'entraînement. Il est très simple et consiste à faire le kilomètre de retour de la même façon que celui de l'aller, c'est-à-dire en comptant mentalement.

Vous aurez donc couvert deux kilomètres d'une marche régulière, avec une respiration rythmée.

Entre les deux, cependant, il y aura plusieurs minutes de repos; pour cela on fera quelques pas sans bâton et sans s'inquiéter de la respiration, puis on repartira.

Ici se place une précision indispensable : après tout exercice physique, le repos ne consistera jamais en une immobilité complète, soit debout, soit assise. Il est nécessaire de marcher, plus ou moins lentement, suivant l'effort donné, jusqu'à ce que l'organisme un moment surmené ait repris son équilibre.

Ceci est vrai et doit être observé dans tous les cas.

Le second stade de l'entraînement durera encore une quinzaine de jours au minimum. Plus on aura de patience pour prolonger cette marche rythmée sur les deux kilomètres indiqués, meilleurs seront les résultats.

Par contre, ceux-ci seraient parfaitement insuffisants, si l'on se privait de la canne qui sert de soutien au buste, dilate la cage thoracique, dispose les muscles du tronc dans leur position normale, facilite le travail des poumons.

On reconnaît d'ordinaire que l'on est parvenu à un certain degré de vigueur, en constatant

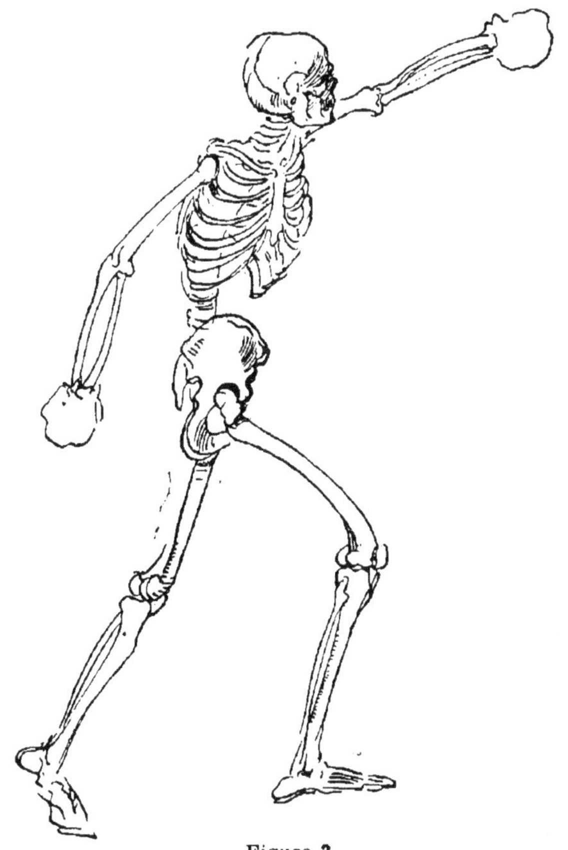

Figure 3.
Squelette dans la pose d'un boxeur.

une flexibilité particulière de la taille. Pour parler vulgairement, les hanches roulent facilement, les reins se creusent sans difficulté. On a déjà acquis une souplesse excellente, qui préparera le système musculaire à être soumis à des efforts plus violents.

Maintenant, avant d'aller plus loin, disons quelques mots sur la marche elle-même.

Il ne s'agit point ici d'adopter telle ou telle méthode d'un coureur à la mode. On ne marche pas plus sur les talons, que sur la pointe.

Le pied entier doit participer au mouvement, parce que sa rotation est nécessaire pour assouplir et affermir les muscles jambiers et cruraux.

Comment la marche est-elle donc rationnelle? Il suffit pour le savoir, de remarquer le processus suivi par les membres inférieurs et l'on surprend immédiatement le secret de la mécanique entière.

Supposons que l'on parte du pied droit. Vous lancez la jambe droite en avant, le talon touche la terre, le corps entier s'infléchit, la pointe se pose, le genou plie, la jambe gauche demeurée en arrière, se soulève, est emportée par son propre poids, puis projetée en avant, pour prendre la place de la droite. Voilà tout le mécanisme; s'éloigner de ce mouvement c'est tenter de combattre la nature, et dans une lutte semblable, l'homme n'a jamais été vainqueur.

Si l'on veut bien s'en rendre compte, par cette simple gymnastique, on a obligé au travail tous les muscles des membres inférieurs, ceux de la taille, de même que le grand fessier.

Ajoutez l'exercice de la respiration rythmée et le système musculaire du tronc entre en jeu, c'est-à-dire que le corps entier a travaillé, non point au maximum, mais dans la normale.

Enfin par l'effort de tension que cause aux bras, la présence de la canne, on a soumis les biceps à une saine fatigue.

C'est pourquoi nous avons dit que l'amélioration générale, se manifeste toujours après quelque temps, par une grande flexibilité de la taille.

Tant que vos reins restent sourds à l'expression de votre volonté, votre entraînement de début n'est pas terminé, il vous faut vous acharner encore, sans découragement, comme sans lassitude. Vouloir passer par-dessus l'obstacle, par conséquent se livrer à des exercices plus difficiles, c'est s'enlever toute possibilité athlétique pour l'avenir, c'est demeurer dans le *vulgum pecus*, qui ne participe à la vie sportive, qu'en restant assis sur une chaise de tribune, durant un match de rugby.

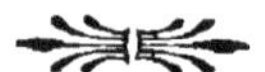

VI

Lorsque vous êtes parvenu à exécuter ce premier exercice avec facilité, vous accroissez l'effort physique. Pour atteindre ce but, ce n'est pas le trajet que vous augmentez, mais la rapidité de la course, tout en maintenant la respiration au même degré d'intensité.

Vous conservez pour cela tous les détails précédents, le comptage seul diffère.

Dans une inspiration vous dites : 1-2-3-4-5.

Durant l'expiration vous dites également : 1-2-3-4-5.

Par conséquent en une seule respiration, vous avez fait dix pas, au lieu de huit.

Voici une accélération importante qui se chiffre par un minimum de 3 mètres à la minute.

A ce moment il ne devra plus se produire d'essoufflement, l'aspirant athlète, sera parfaitement apte, à soutenir cette marche cadencée, sur un kilomètre sans en être gêné.

Dans le cas contraire, on pourrait conclure que l'entraînement précédent a été insuffisant et il faudrait le reprendre avant d'aller plus loin.

Il est malaisé d'établir une règle fixe à ce propos, tout dépend assurément de la vigueur initiale de l'individu et de son âge.

Cette cadence de cinq pas continue par chaque inspiration et chaque expiration, sera soutenue à son tour pendant un minimum d'une quinzaine de jours.

L'assouplissement du corps en général sera cette fois très sensible, on le notera à mille détails comme, par exemple, la grande facilité à se baisser et à se redresser sans effort musculaire, à lever une jambe, l'autre restant immobile, à franchir un obstacle avec rapidité.

Naturellement la canne ne sera pas abandonnée, à elle seule certainement elle demeure la moitié de l'entraînement.

Quand ce comptage de 1 à 5 ne devient plus qu'un jeu, on augmente encore une fois d'une unité, sans rien changer au parcours établi. C'est-à-dire que durant une inspiration, on compte : 1-2-3-4-5-6. De même pendant l'expiration.

Pour la respiration complète, on arrive au total de 12 pas, en mettant chacun à 70 centimètres, on a pour cette durée 8 m. 40, soit environ 118 respirations complètes au kilomètre.

Après quelques jours d'un effort soutenu, on constatera que l'on couvre le kilomètre sans fatigue, sans gêne, à une excellente vitesse.

Battre son propre record ici est absolument inutile et même nuisible; rappelons-nous que nous sommes uniquement à l'entraînement.

Mais il est nécessaire d'accroître nos potentialités, c'est pourquoi la difficulté doit augmenter.

Il serait imprudent de dépasser le nombre six pour chaque inspiration et chaque expiration. Nous devons donc chercher autre chose.

Forcément, nous serons contraints de nous rabattre sur le parcours, qui deviendra alors, 1.500 mètres à l'aller; 1.500 au retour; au total trois kilomètres.

Nous adopterons cette distance dès que nous nous sentirons sûrs de nos moyens.

Par le procédé précédent, nous avons donné de la souplesse à notre système musculaire, maintenant nous allons intensifier sa résistance à l'effort.

Pour les trois kilomètres naturellement le comptage restera de six pas à l'inspiration et à l'expiration.

Nous nous contenterons de ce parcours, tant que nous ne le couvrirons aisément, sans fatigue, c'est-à-dire, sans être capable de reprendre ensuite notre besogne coutumière.

Mais lorsque nous aurons atteint ce résultat, nous irons jusqu'à deux kilomètres à l'aller, deux kilomètres au retour.

Quand nous ferons ce trajet aisément, nous

pourrons avoir la certitude, d'être en possession d'un organisme parfaitement assoupli et résistant, apte à entreprendre n'importe quel exercice sportif.

Pour les sages qui voudront s'entêter, nous recommanderons de pousser jusqu'aux six kilomètres de marche soutenue, sans arrêt, avec comptage et la canne tenue aux omoplates.

Ceux qui couvriront cette distance sans ressentir ensuite un

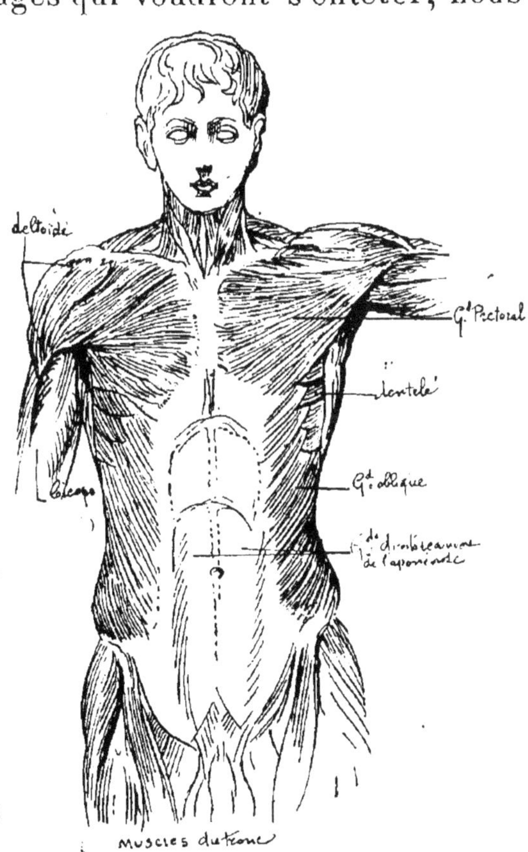

Figure 4.
Muscles du tronc et de l'épaule (grand pectoral, grand oblique, grand droit, deltoïde, biceps.)

épuisement musculaire véritable, seront des athlètes, à eux les véritables succès sportifs. Il leur suffira de l'entraînement spécial, du saut, de la course, du lancement, pour obtenir rapidement des résultats surprenants et durables.

Ceux-là aussi seront de bons joueurs de rugby, maîtres de leur sang-froid, jamais troublés par l'essoufflement inopportun, jamais arrêtés par la faiblesse des jambes. A tous moments de la journée, ils seront en possession de leurs moyens.

Nous n'insisterons pas davantage sur cette partie de l'entraînement; répétons seulement que ce doit être là, l'unique exercice physique. On n'y ajoutera pas les mouvements de gymnastique suédoise qui ne feraient que de conduire à un épuisement rapide.

La culture physique, ou ce que l'on nomme communément la gymnastique suédoise, vient ensuite. Nous l'étudierons en ces détails, le moment venu.

D'ailleurs cet entraînement respiratoire durera un minimum de trois mois. Ce ne sera que lorsqu'on se sentira en pleine possession de sa respiration que l'on attaquera la gymnastique suédoise proprement dite.

Commencer par celle-ci, serait renverser les rôles; il est matériellement impossible de bien respirer en exécutant les mouvements du système Muller par exemple, si l'on ne s'est habitué au préalable à régulariser son souffle.

Au contraire, ayant appris à respirer, tous ces mouvements se feront harmonieusement, sans les saccades, les brusqueries, qui sont toujours l'indice d'irrégularités dans la circulation sanguine.

Mais si l'on ne se livre à la gymnastique suédoise en même temps qu'à la marche cadencée, il existe d'autres éléments de l'entraînement qui doivent y être ajoutés.

Ceux-là ne sont pas un surcroît de fatigue, mais un repos pour les muscles, les tissus et même, dirons-nous, le squelette.

On nous objectera que cette méthode est difficile à suivre, pour un citadin. Nous répondrons à cela qu'en ce bas-monde, on n'a rien sans peine.

Quiconque souhaite devenir un véritable sportif, ne doit pas craindre de se lever de bonne heure. Par conséquent, durant la bonne saison, prenez uue heure le matin, pour vous livrer à l'entraînement. Il existe maints endroits, même à Paris, où la solitude est suffisante pour faire quelques minutes de marches rythmées. Car, il faut bien le remarquer, ce que nous demandons à l'aspirant athlète, ne réclame pour son accomplissement, au delà d'une demi-heure, sur la fin de l'entraînement; vingt-cinq minutes au maximum dans les débuts.

Il est nécessaire cependant de mesurer sa distance, afin de la conserver toujours et l'augmenter en toute sûreté. C'est là, également, une besogne aisée et qu'il suffit de faire une seule fois.

Quant aux jeunes gens qui habitent une ville de province, ils ne s'arrêtent pas, nous en sommes certains, à l'objection précédente. Pour eux la difficulté n'existe pas.

Enfin, précisons un dernier détail, qui a sa place ici :

L'exercice de la marche cadencée, n'aura

jamais lieu, immédiatement après un repas. Le matin, après un très léger déjeuner, serait le meilleur moment.

Cependant la journée du sportif n'est pas terminée ; il lui faut laisser un petit moment à l'hydrothérapie et un autre au massage.

Nous ne suivrons pas l'ordre logiquement chronologique, préférant parler immédiatement du massage, puisqu'il se place dans le courant du jour, bien après l'hydrothérapie.

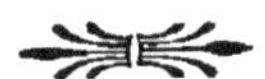

VII

Le massage doit être considéré comme un repos, un relâchement pour le système musculaire et les tissus. C'est pourquoi nous conseillerons de s'y livrer le soir, pendant quelques minutes, avant de se coucher.

Beaucoup d'auteurs recommandent de l'exécuter le matin après la douche. C'est, à notre avis, une complication inutile et le résultat est plus favorable si, après la fatigue de la journée, on masse les muscles qui ont le plus travaillé.

Un principe général que beaucoup ignorent et dont l'importance est considérable, est que l'on ne doit jamais masser à sec. Il se produit en suite une contraction violente des muscles, qui devient pour eux une véritable fatigue.

Dans la pratique individuelle, comme l'on ne massera pas fortement, il suffit de s'enduire légèrement les doigts et la paume d'un peu de vaseline ordinaire. De préférence user de la vaseline naturelle, sans addition d'huile de vaseline ou de paraffine, ce qui la rend assurément plus onctueuse, mais en même temps plus mobile sous le frottement des mains.

Celle que nous recommandons est épaisse, presque en pâte, s'étirant en longs filaments et sans aucune odeur.

Avant le massage, on en prend un peu au bout du doigt et on l'étend en une couche fine sur l'intérieur de la main qui doit masser.

Généralement cette quantité durera longtemps et il ne faudra répéter l'opération qu'une seule fois durant toute la séance.

Entendons-nous bien; nous ne recommandons pas de s'enduire l'épiderme d'un corps gras, mais seulement de faciliter le frottement en plaçant entre les deux épidermes qui vont se rencontrer, une matière qui rend la friction moins brutale.

Ce procédé cependant a d'autres avantages pour les tissus eux-mêmes. Nous n'y insisterons pas ici, ces détails sortant du cadre de cet ouvrage, contentons-nous de remarquer que la méthode est bonne pour plusieurs raisons.

Nous ne parlerons pas non plus des avantages du massage proprement dit, on comprend aisément que les muscles qui ont été surmenés par le travail athlétique, trouvent un soulagement à être ramenés doucement à l'élasticité dont-ils ont besoin.

Ceci nous amène à préciser que toute friction doit se faire lentement, sans brusquerie.

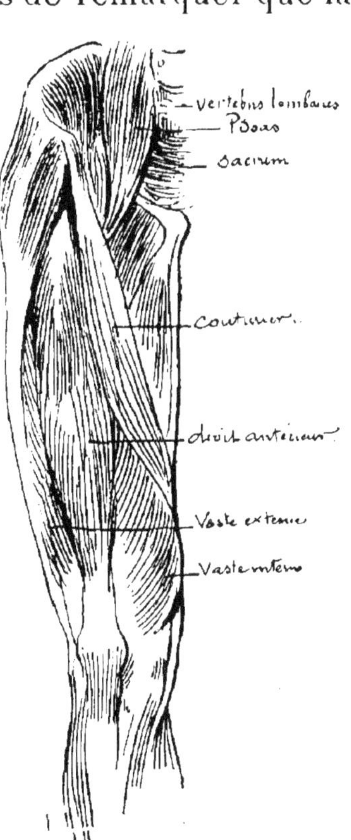

Figure 5. — Muscles de la jambe (droit antérieur, vaste interne et externe, couturier, psoas iliaque.)

Frotter vite avec une énergie particulière est plus préjudiciable que nul massage du tout.

Les mouvements seront au contraire exécutés avec régularité, *toujours dans le sens que nous indiquons* et jamais dans un autre.

De même, il est inutile d'appuyer fortement la main, sans toutefois se contenter d'un simple frôlement. Entre les deux, on saura choisir une juste moyenne.

Nous allons examiner les différentes formes de massage à employer durant ce premier entraînement.

S'appliquer à d'autres frictions serait un travail superflu pour l'instant et il est bon de toujours éviter les efforts, afin d'éviter la fatigue.

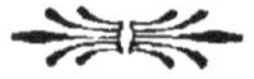

VIII

Il existe six modes de massage qui doivent compléter l'entraînement du matin.

Nous avons dit que ce soin aura lieu le soir, un peu avant de se coucher. Il est évident qu'il faudra éviter les refroidissements.

1° Tenez-vous droit devant une glace autant que possible, ce qui facilite la régularité de mouvement, en permettant de voir ce que l'on fait.

Renversez la tête en arrière, franchement. Posez la main droite ouverte sous le menton. Descendez lentement jusqu'à la clavicule en appuyant les quatre doigts, le pouce se contentant d'un frôlement léger.

A la clavicule, levez la main et recommencez. En d'autre termes, frottez toujours, *dans le cas présent*, de haut en bas.

Répétez cela à six reprises consécutives.

Laissez retomber le bras droit le long du corps et reprenez cette fois en usant de la main gauche. Encore à six reprises à la suite.

Vous avez atteint par cette friction, le peaucier du cou, muscle superficiel et par surcroît le sterno-cleïdo-mastoïdien, muscle profond. Vous procurez au cou tout entier une grande souplesse qui est nécessaire pour tous les sports.

2° Maintenant baissez la tête en avant, le corps toujours droit. Laissez le bras gauche pendant, levez le bras droit, appuyez la main droite ouverte comme précédemment sur la nuque à la racine des cheveux.

Descendez lentement jusqu'à l'endroit où les vertèbres sont proéminentes, c'est-à-dire un peu au-dessus de l'omoplate.

Arrivé à ce point, levez la main, ramenez-la à la nuque et répétez les mouvements.

Ceci à six reprises différentes. Dans ce cas encore, ce sont les quatre doigts qui produisent la friction utile, la pouce ne servant que d'équilibre.

Ici également le massage se produit de *haut en bas* et jamais inversement.

Après six frictions, vous en avez fini avec la main droite, laissez retomber le bras le long du corps et répétez avec la main gauche, d'une façon absolument semblable, en nombre identique.

Vous venez ainsi de compléter l'œuvre entreprise par le massage précédent.

L'élasticité des muscles du cou a une extrême importance dans les sports, leur contraction trop prolongée nuit à la circulation.

Or le massage est l'unique moyen de leur procurer cette souplesse, dans l'impossibilité où l'on se trouve de soumettre la tête à des mouvements violents, comme on le fait par exemple pour les bras ou les jambes.

Il est évident que tous ces mouvements doivent être exécutés posément, afin de ne pas gêner la respiration qui de toute nécessité, demeurera régulière. Il est préférable d'arrêter la friction, si l'on ressent le moindre essoufflement. Cela tient d'ordinaire à la position qui est mauvaise et l'on verra à y remédier.

3° Attaquons-nous maintenant au grand pectoral. Pour cela, levez le bras gauche, dans la verticale, le biceps contre l'oreille.

Placez la main droite à plat, sous le sein gauche. Remontez doucement, contournez le sein, arrêtez-vous à l'aisselle. Levez la main, rabaissez le bras gauche, puis recommencez.

C'est-à-dire relevez le bras gauche, replacez la main droite un peu au-dessous du sein et remontez.

Vous répétez à six reprises différentes pour le côté gauche.

Massez ensuite le côté droit en opérant d'une façon identique.

On n'a certes parcouru le grand pectoral en entier, mais comme on massera plus tard le grand droit, on terminera la tâche, sans s'en apercevoir.

Quant au deltoïde, il est atteint indirectement

par le mouvement d'ascension et de fléchissement du bras, après chaque friction.

En réalité, dans ce premier entraînement, les muscles du tronc ont seuls pour nous une réelle importance. Les autres auront un intérêt particulier, suivant l'entraînement spécial auquel on se soumettra.

Il est évident que le massage diffère pour le coureur et le lanceur. Mais tous deux ont besoin du parfait équilibre du système musculaire du tronc.

Tous deux sont passibles de la bonne tenue de la colonne vertébrale.

C'est pourquoi nous allons nous en occuper immédiatement.

4° Tenez le corps droit, la tête bien relevée. Glissez la main droite le long des reins jusqu'à la limite extrême.

Naturellement, c'est le dos de la main qui repose contre la peau, c'est lui cette fois qui opérera la friction.

Laissez le coude immobile qui doit servir de pivot au mouvement de rotation de l'avant-bras.

Remontez la main aussi haut que possible, c'est-à-dire jusqu'à l'omoplate.

Pour atteindre ce point, n'essayez pas de vous pencher en avant ou en arrière, cette inflexion reste parfaitement inutile.

Il n'y a que l'avant-bras qui soit autorisé à bouger. Etant donné la position, la friction sera aussi vigoureuse que possible, sans contraction du torse cependant.

Le mouvement ici a lieu de *bas en haut* et jamais inversement. Aussi *lorsque* vous êtes arrivé à l'omoplate, levez la main et ramenez-la aux reins pour recommencer le massage.

Vous répétez à six reprises et passez au côté droit, par conséquent à la main gauche.

Toujours éviter les mouvements du torse qui déplacent les muscles à atteindre, c'est pourquoi nous recommandons de se tenir bien droit, la tête relevée.

Afin de ne pas être gêné, lorsque la main droite masse par exemple, placez le poing gauche sur la hanche, sans contraction et inversement, quand la main gauche opère. Les jambes ne seront pas accolées, mais modérément écartées, afin de placer tous les organes dans leur position régulière.

Le grand droit joue un rôle prépondérant dans tous les exercices du corps, il est donc nécessaire de nous en occuper, d'autant plus qu'il a fort travaillé durant la marche du matin.

5° Placez les deux mains bien à plat juste en dessous de la dernière côte fixe. Les doigts des deux mains se touchant presque à leur extré-

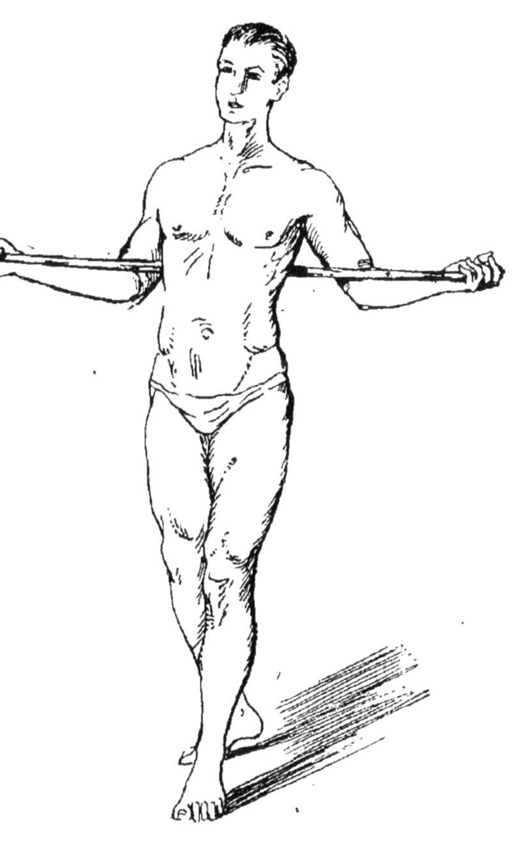

Figure 6.
Position de la marche (de face).

mité. Descendez jusqu'au bas-ventre, d'un mouvement lent en appuyant assez fortement.

La main entière doit frictionner, à part le talon, dont la pression est assez faible.

Quand vous êtes parvenu en bas, vous remontez en frottant légèrement, puis redescendez.

Lorsqu'on arrive aux os du bassin, il se produit une minime rotation de la main, ce ne sont plus que les doigts qui frottent, les pouces ayant tendance à se rapprocher.

Cet exercice doit être répété douze fois, avec une égale intensité, mais toujours sans brusquerie, sans précipitation.

Ceci, avec le massage du cou, est certainement le mouvement le plus important, dans ce début d'entraînement. Il semble donc nécessaire de ne jamais le négliger. Toutefois, on conservera l'ordre que nous indiquons, comme étant le plus rationnel.

Naturellement, on se tiendra droit, en évitant la rigidité toujours nuisible.

On conservera la respiration régulière, la bouche fermée.

Les jambes seront modérément écartées, tout le corps bien d'aplomb.

La position supérieure des mains est importante; on ne frictionnera jamais en effet à partir des reins, à cause de la proximité du cœur.

D'ailleurs, la partie haute du grand droit sera atteinte par l'exercice numéro 3.

Enfin le dernier massage est destiné à joindre les muscles abdominaux.

6° Dans ce but, tenez-vous le torse légèrement infléchi en avant.

Placez les deux mains à plat, l'extrémité des doigts en avant, juste au-dessus de l'épine iliaque, que l'on sentira d'ailleurs contre son auriculaire.

Les deux mains descendent en même temps le long de l'aine et les doigts vont se toucher à la symphyse pubienne, contre les génitales.

Contrairement aux exercices précédents, les mains en remontant vers leur point de départ, opèrent une friction égale. Autrement dit, le massage se produit dans les deux sens.

En outre les jambes ne seront plus écartées, mais accolées, genou contre genou.

On répète le mouvement douze fois, sans arrêt; puis changeant de position, on écarte largement les jambes et l'on recommence, à douze reprises consécutives.

Parmi tous les massages, c'est assurément celui qui est le plus sensible, il semble que tous les muscles du ventre, du bas-ventre et des reins se mettent au travail.

On éprouve ensuite une sensation de bien-être général et c'est à cause de cette sensation particulière, que nous avons réservé cet exercice, pour la fin de la séance de massage. Il n'y a pas lieu, en effet, pour l'instant de prolonger ces frictions, au degré d'entraînement où nous nous trouvons.

Il est nécessaire de ne pas s'attarder entre les divers mouvements, afin encore d'éviter toute fatigue inutile.

En réalité, la séance entière doit durer environ une demi-heure.

Lorsque nous disons : frotter lentement, cela signifie pas que la main avance à la vitesse d'une tortue, mais simplement qu'il ne faut pas frictionner avec vivacité.

D'une façon absolue, la vivacité est antisportive, tout geste, tout mouvement doit rester harmonieux et cadencé.

Cette cadence et cette harmonie font ce que l'on appelle le style et, sans style, il n'y a pas d'athlète. Il est donc excellent d'apprendre dès le début à mesurer ses mouvements à ne point les exécuter avec fébrilité, ce qui est un indice de faiblesse nerveuse.

Or les exercices de massage sont excellents dans ce but, ils apprennent à disséminer l'effort sur toute la partie à atteindre.

Il est préférable de pratiquer ces frictions en étant complètement nu, ainsi, rien ne gêne, ne trouble le rythme nécessaire.

Au gymnase les éphèbes étaient nus durant tout le travail et ce détail avait son importance. Il favorisait l'harmonie générale des mouvements. Le vêtement, au contraire, aussi léger soit-il, produit toujours, à un moment donné, un arrêt dans le geste; cet arrêt certes est imperceptible à la vue, mais il laisse aux membres, une hésitation dont ils ne se défont jamais.

Après la séance du massage, comme il peut rester sur le corps quelques parties grasses, il est prudent de s'essuyer avant de se revêtir.

Ce n'est point que ce soit là un mal pour les tissus ou pour les muscles, l'unique inconvénient a trait aux vêtements.

Pour cet essuyage on n'emploiera jamais une serviette dure et la friction sera extrêmement légère.

Le but à atteindre est uniquement d'enlever les dernières parcelles de vaseline qui n'auraient pas pénétré dans les tissus; n'allons donc rien chercher au delà.

La meilleure façon d'opérer, est d'entourer sa main d'un coin de serviette et d'essuyer doucement. Si vous mettez de la vigueur, vous vous livrez à un deuxième massage, lequel se produisant à sec, sera pernicieux pour les muscles et détruira les effets salutaires du précédent.

Enfin, il faut vous habiller pour la nuit et vous coucher.

Ici se place un détail de toilette qui n'est pas inutile.

L'usage de la chemise de nuit, devrait être périmé depuis longtemps. Rien de malencontreux comme ce vêtement ample qui gêne et ne couvre pas.

Le pyjama, par contre, est tout indiqué, mais les jeunes gens s'adonnant aux sports, auront avantage à les porter de flanelle, été comme hiver.

On choisit dans ce but une flanelle légère; la ceinture ne doit se fixer au moyen d'un cordon qui comprime, comme cela se pratique d'ordinaire.

Cette ceinture, sera au contraire, composée d'une large bande d'étoffe, de 8 à 9 centimètres environ qui s'attachera sur le devant avec deux boutons.

Ainsi la taille n'est pas comprimée, la respiration demeure libre. Or ce n'est là qu'un des minimes inconvénients du cordon, qui toujours blesse plus ou moins profondément les organes.

Il est préférable de se coucher immédiatement après le massage, pour mieux compléter le repos nécessaire à l'organisme. Attendre, c'est créer de nouveaux efforts, donner aux muscles une recrudescence de fatigue, au moment précis où ils se préparent à se détendre.

Disons également quelques mots du réveil. Le réveil brusque est toujours dangereux; en admettant même que l'on soit dans l'obligation de confier ce soin à une sonnerie, il ne faudra aussitôt bondir du lit pour se vêtir.

On attendra au contraire un instant, couché sur le dos, sans crispation, la tête bien dans le prolongement du corps et non relevée.

Ainsi la circulation considérablement ralentie pendant le sommeil, reprend sans secousse son rythme normal.

On se rend compte de cet état, lorsque la vue est redevenue parfaitement claire; tant qu'un brouillard flotte devant vos yeux, un afflux de sang est demeuré au cerveau et attend d'être entraîné dans le courant circulatoire.

La chaleur dans le lit est pernicieuse pour les muscles. Les couvertures, été comme hiver, seront donc légères, d'autant plus que vêtu d'un pyjama de flanelle, vous êtes à l'abri des transitions brusques.

Le matelas de crin est seul normal pour le sportif, ou à la rigueur le matelas à remplissage végétal. La laine, trop chaude, est mauvaise, quant à la plume elle sera la mort des facultés athlétiques.

L'absence de traversin est à recommander, on se contentera d'un bon oreiller qui soulèvera suffisamment la tête.

Au point de vue athlétique pur, ces détails ne sont nulle-

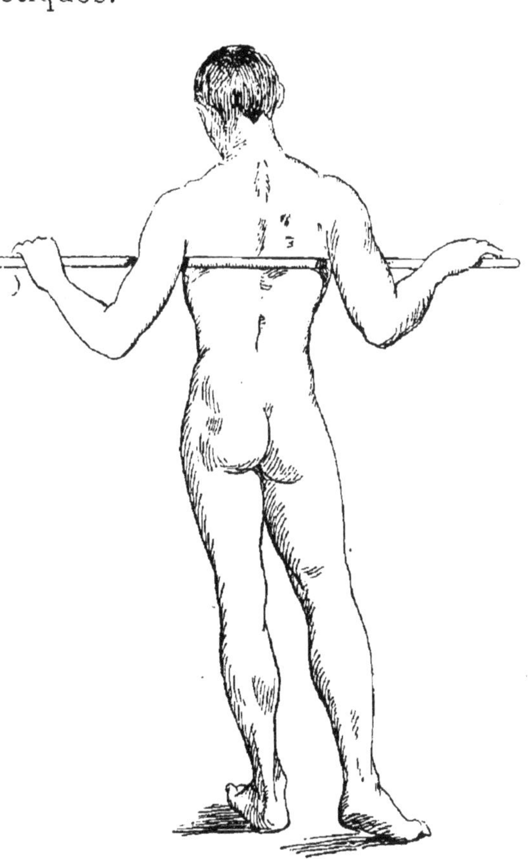

Figure 7.
Position de la marche (de dos).

ment négligeables et appartiennent à la période du premier entraînement.

L'aspirant sportif aura tout avantage à en tenir compte, et il constatera que son entraînement en est d'autant facilité.

IX

Nous allons maintenant étudier la question de l'hydrothérapie, si souvent négligée dans la plupart des ouvrages traitant des sports.

Pourtant il n'existe pas de véritable entraînement, sans une méthode raisonnée d'hydrothérapie.

En outre, à ce propos, de multiples erreurs se sont répandues et l'on arrive à faire tout le contraire de ce qui est réclamé par la système musculaire et la circulation.

Il est un axiome courant qu'il faut user d'eau glacée.

C'est là pure hérésie, et en vérité, rien n'est

plus pernicieux pour le cœur et la circulation en général que la douche froide ou le tub glacé sans un *entraînement préalable.*

Comme pour toute chose, on doit en arriver là par degrés successifs et l'adolescent soumis brusquement à ce régime, est condamné à l'avance. Il se produit une réaction si brutale que bien loin de vivifier le sang, comme on dit couramment, il en résulte un épuisement précoce des vaisseaux et surtout du cœur.

Le penchant à l'anglomanie ne doit pas faire accepter *à priori* toutes les méthodes d'outre-Manche. Ce qui est bon de l'autre côté de la mare aux harengs, peut parfaitement devenir pernicieux en deçà.

Il faut remarquer, en effet, que le jeune Anglais est habitué dès sa plus tendre enfance au contact de l'eau froide. Il en résulte qu'arrivé à l'adolescence, il ne se produit plus chez lui une réaction aussi violente que pour le jeune Français, soumis à ce traitement au plus tôt vers sa quinzième année.

Il y a également une question de tempérament,declimat,denourriturequ'ilfautenvisager.

Enfin de nombreux médecins en Angleterre même, commencent à réagir contre l'abus de l'eau froide, quand ils notent l'augmentation annuelle des maladies de cœur.

En principe, on doit établir que le bain glacé, la douche, ne sont acceptables que pour les individus vigoureux. Il faut pour supporter la brusque secousse de transition entre la température du corps et celle de l'eau, un système artériel déjà fort solide. C'est-à-dire que ces habitudes s'adressent uniquement aux athlètes entraînés qui, eux, ont besoin d'un révulsif puissant pour mettre en mouvement des organes aux tissus durcis.

Le présent ouvrage ne s'adrese pas à ceux-là et disons tout de suite qu'ils sont fort peu nombreux, tandis que les faibles, les demi-entraînés, les sujets naturellement vigoureux, sont la grande majorité.

Mais il ne suffit même pas d'être d'une constitution solide pour supporter le tub glacé. Une adaptation progressive est également nécessaire.

Pour nous résumer, nous répéterons que dans tout entraînement sportif, l'hydrothérapie est nécessaire. Mais une hydrothérapie rationnelle, qui suivra la même ascension lente que l'entraînement lui-même.

Nous bannirons donc l'eau froide pour les débuts, débuts qui, d'ailleurs, pourront se prolonger au delà d'un an.

Il est même préférable d'attendre pour en faire usage, que le besoin s'en fasse sentir, c'est-à-dire que l'organisme n'éprouve plus le bien-être habituel après le bain tiède.

N'assimilons pas le bain de mer, ou le bain de rivière au tub froid. Dans le premier cas, nous nous trouvons en face d'une eau sensiblement à une température proche de celle du corps.

Lorsqu'il y a surprise et par conséquent essoufflement brusque, c'est-à-dire un arrêt momentané du cœur, l'eau est trop froide.

Or cet arrêt brusque du cœur, est néfaste à l'organisme tout entier.

X

Ces principes généraux établis, cherchons le meilleur procédé pour éviter ces multiples inconvénients.

On a souvent recommandé l'usage du bain, au saut du lit, c'est-à-dire sitôt le réveil. Nous n'approuvons pas cette façon de voir.

L'organisme, qui durant le sommeil, a travaillé au *ralenti*, n'est pas encore prêt à supporter une réaction aussi brutale.

Nous adressant au jeune homme suivant déjà notre entraînement à la marche rythmée, nous lui dirons: le bain se place environ une demi-heure après l'exercice de marche, quelque soit votre degré d'entraînement.

Par conséquent l'emploi du temps, le matin, sera :

Lever, sans précipitation. On se rend sur le terrain, après avoir absorbé un demi-bol de lait, si l'on éprouve le besoin de manger.

Sur le terrain, on se livre à l'exercice indiqué ; jusqu'à ce moment, il s'est passé environ trois quarts d'heure, depuis le moment de l'absorption du lait.

La marche durera une demi-heure à peu près le retour occupera une autre demi-heure.

Le temps de se préparer au bain, et la digestion du liquide sera terminée.

Voici pour l'examen général de la question ; voyons maintenant les détails, c'est-à-dire la façon de prendre un bain, afin qu'il soit profitable à l'organisme, en même temps qu'aux tissus.

Au point de vue sportif, le tub est préférable à la baignoire ; cette dernière ne devant servir qu'aux immersions de propreté.

Le tub au contraire est une douche en raccourci. Nous ne nous arrêterons pas à la description de l'instrument que chacun connait. Sa minime envergure, son volume réduit en font un objet aisément transportable et que tout sportif devrait posséder. Il en existe en caoutchouc qui sont encore plus maniables.

Si vous prenez l'eau immédiatement au robinet et que vous vous en serviez aussitôt, elle est glacée. C'est ce que nous avons recommandé d'éviter.

Ce sera donc la veille au soir, avant de vous livrer au massage, que

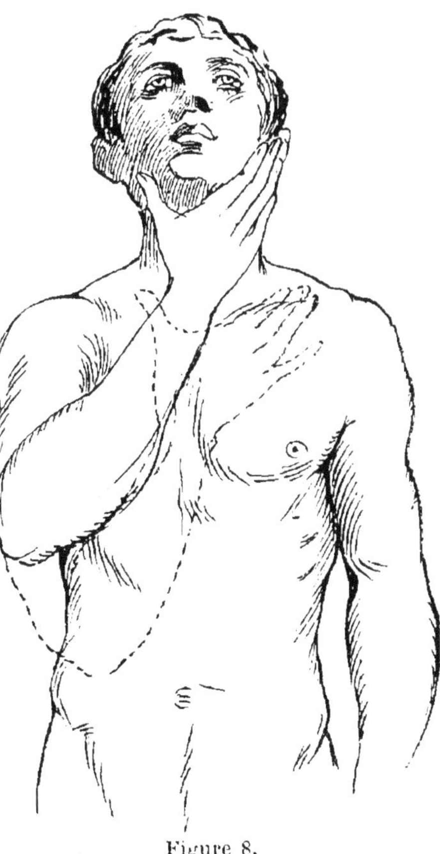

Figure 8.
Massage, première position.

vous remplirez votre tub. L'eau séjournera à l'air la nuit entière, au matin, elle se trouvera à une température voisine de la chambre.

Ceci pour les mois chauds de l'année. L'hiver, on ajoutera, au moment de s'en servir, environ un dixième d'eau bouillante.

Au printemps, lorsque les nuits cessent d'être froides, on pourra diminuer cette quantité d'eau chaude.

Avec le tub, on fait usage d'une grosse éponge prenant bien le liquide.

Le premier mouvement sera alors, une fois déshabillé, de vous asseoir à terre. Allongeant les pieds au-dessus du rebord du tub, vous les mouillez copieusement au moyen de l'éponge.

Quand ils sont descendus à la température de l'eau, vous vous dressez dans le bain.

Avec l'éponge, vous mouillez la poitrine, les bras et enfin la nuque.

A partir de ce moment, vous faites ruisseler l'eau par tout le corps, sans aucune crainte.

Pour plus de facilité, il vous est loisible, de vous agenouiller, de vous asseoir dans votre tub.

Cependant vous ne vous attardez pas, ce bain est un révulsif et non point une immersion de propreté.

Avant de quitter l'eau, vous jetez une serviette sur vos épaules. Vous mettez les pieds dehors et commencez activement l'essuyage.

Pour cela, prenez simplement une serviette pliée en quatre, tenez-la des deux mains, passez-la derrière vous et frottez-en partout de la nuque jusqu'aux reins.

Retournez la serviette et opérez de même pour le devant.

Pour l'essuyage des jambes, enroulez la main droite dans un coin de serviette et frottez de bas en haut jusqu'à la taille.

Vous terminez le séchage, en glissant encore la main, dans un coin de serviette et repassez partout où il reste de l'eau.

Si votre lit est encore ouvert, ne craignez pas de vous y remettre pendant une dizaine de minutes, couché sur le dos, la tête dans le prolongement du corps et les couvertures tirées jusqu'au menton.

Cet instant de repos est presque nécessaire

pour permettre à la circulation de reprendre son cours normal, qui a été légèrement troublé par le bain.

Ensuite, vous vous levez et vous habillez, dispos pour le travail de la journée.

Permettons-nous ici une petite réflexion en dehors du cadre de l'ouvrage.

On réclame en France une jeunesse robuste, saine. Si l'on est sincère, il faut lui permettre de le devenir, or, qui accepte le plus minime sacrifice pour lui faciliter cette tâche?

Ce n'est pas deux heures de foot-ball le Dimanche qui lui procureront cette vigueur tant souhaitée.

Or, constatons que le simple entraînement que nous recommandons, demande environ deux heures et demi.

L'ouvrier, l'employé qui désire s'y soumettre, pour être au bureau, à l'atelier à huit heures, devra donc se lever à cinq heures. Ce n'est pas toujours possible, à toutes les époques de l'année.

En Angleterre : usines, bureaux, magasins, s'ouvrent à 9 heures. Ceci sans commentaires.

Il est vrai que le temps de déjeuner est réduit à une heure, ce repas étant et devant être léger. Mais on termine à 6 heures.

Que les associations sportives s'unissent et réclament ce retard nécessaire dans les heures d'ouverture.

Il est vrai qu'il n'est pas nécessaire que l'entraînement à la marche rythmée, ait lieu le matin, quoi que ce soit préférable.

A la belle saison, il peut parfaitement se faire après la sortie du travail. Cependant à ce moment il sera beaucoup moins profitable, l'organisme étant déjà fatigué par la besogne du jour.

Cependant, si l'on s'arrêtait à cette solution le bain, tel que nous le décrivons ci-dessus, aurait lieu environ trois quarts d'heure après le lever.

L'entraînement se ferait avant le dîner du soir; le massage au moment de se coucher.

Cependant, précisons que l'effort sportif se produisant après le travail de la journée, celui-ci fût-il une besogne intellectuelle, est plutôt déprimant pour l'organisme entier, quoique légèrement profitable, au système musculaire.

Et vraiment, on ne se détournera de l'emploi du temps que nous avons indiqué, que s'il n'y a pas possiblité de faire autrement.

Par contre, l'ouverture du bureau ayant lieu à 9 heures, l'entraînement trouvera aisément sa place, si l'on se lève à six heures.

Si on nous permet encore une petite réflexion, nous demanderons combien d'acheteurs ou d'acheteuses, les magasins voient-ils avant dix heures? Quelle somme de travail a fourni un employé qui est arrivé à 8 heures, quand sonne neuf heures?

Il y a là uniquement un entêtement routinier, qui ne trouve aucune explication raisonnable dans la pratique.

Le temps de présence est toujours une fatigue; le labeur accompli jamais.

Mais après cette trop longue digression, revenons à l'hydrothérapie.

Chaque matin, on se livre au tub, ce n'est là qu'un procédé purement hygiénique.

Ce sera donc, pour tout individu qui travaille.

le samedi après-midi, que l'on réservera pour le bain de propreté.

L'Anglais sortant du travail, va au bain, soit chez lui, soit dans un établissement *ad hoc.* Ensuite il déjeune; mais jamais il ne se mettra à table, s'il n'a accompli cette formalité.

Comme pour le tub, l'eau du bain de propreté n'ira jamais aux extrêmes, elle ne sera ni trop chaude, ni trop froide.

Il faut que lorsqu'on entre dans la baignoire, l'on n'éprouve point de contraction du thorax. Si, quoique l'eau soit à la température du corps, on sentait néamoins cette contraction brusque, il serait nécessaire de consulter le médecin qui pourra donner d'utiles conseils, au sujet de l'hygiène générale.

D'ordinaire cette sensation d'essoufflement provient d'un cœur déficiant. Ce serait donc une contre-indication absolue des sports athlétiques.

Toutefois, malgré cet état, l'entraînement que nous conseillons pourrait être suivi quand même, il n'en résulterait qu'une amélioration de l'organisme entier. Il serait bon seulement d'user d'un peu plus de prudence et de fuir la fatigue.

En principe, il est toujours excellent de visiter le médecin, qui après une auscultation prolongée, indiquera les parties faibles de l'individu et aidera, par ses avis, à l'entraînement athlétique.

En résumé, l'hydrothérapie, au point de vue sportif, se résume dans le tub et le bain.

Ce ne sera qu'après avoir atteint une endurance particulière, lorsque les muscles, les artères auront gagné une force de résistance suffisante, que l'on s'autorisera la douche froide, et encore avec beaucoup de circonspection.

Quoiqu'il en soit, elle est absolument prohibée tant que dure le présent entraînement.

Or, sans avoir commencé par ce début que nous indiquons, nul sportif ne se trouve dans un état d'équilibre complet. Il pourra être bon coureur, ou bon lanceur, voir assez bon joueur de rugby, ce ne sera pas un athlète; ses bras ou ses jambes se seront fortifiés au détriment du reste de l'organisme.

Le sport, ainsi compris est purement néfaste.

Après les violentes transpirations, on peut user de lotions à l'eau tiède, mais nous ne croyons pas que ce soit nécessaire dans les circonstances ordinaires, si l'on satisfait au

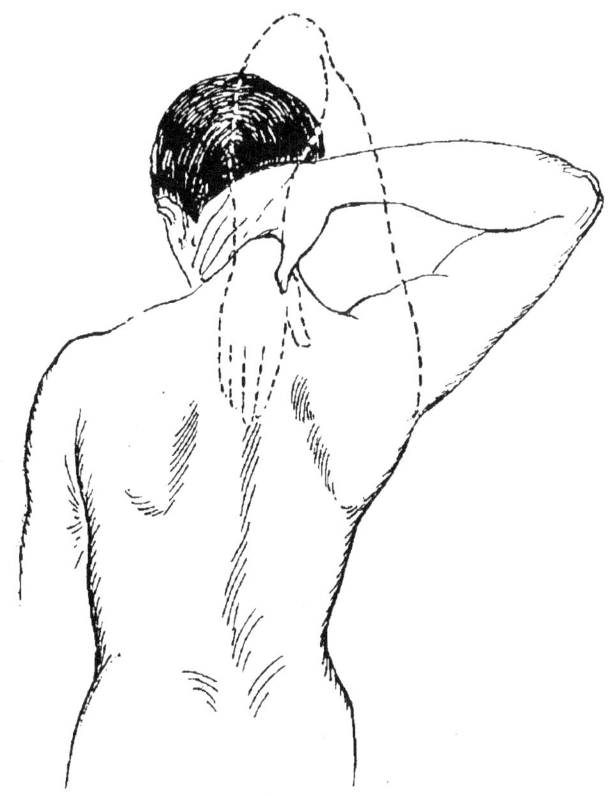

Figure 9.
Massage, deuxième position.

régime régulier du tub quotidien et du bain hebdomadaire.

L'inverse est également préjudiciable; le bain quotidien serait une cause de relâchement musculaire en favorisant le relâchement des tissus; il en résulte, comme tout se tient, un mauvais fonctionnement des organes internes.

Tout les autres procédés, comme le drap mouillé, la douche écossaise entrent dans le domaine de la thérapeutique et doivent y être confinés.

Nous pensons même que le bain complet bi-hebdomadaire, serait préjudiciable à l'entraînement athlétique.

Enfin la station dans l'eau ne devra dépasser dix minutes et sera entièrement occupée au savonnage du corps.

Si on a le temps, en sortant du bain, il sera toujours profitable de se livrer à une courte séance de massage, autant que possible dans l'atmosphère chaude de la salle de bain.

Ce massage, naturellement, se réduira à celui que nous avons indiqué plus haut et n'ira pas au delà

En revanche, on évitera à ce moment les mouvements de gymnastique suédoise, comme trop brutaux, malgré leur lenteur.

Pour l'essuyage, on opère comme pour le tub, mais on termine par des frictions soigneuses, la serviette étant enroulée autour de la main.

Il est en effet de toute nécessité de bien sécher l'épiderme.

Toutefois les frictions ne seront pas violentes et n'agiront que sur les tissus superficiels.

Il ne doit y avoir sur la main, qu'une seule épaisseur de linge et afin que la serviette se plie à tous les mouvements, on en retient l'extrémité libre avec la main gauche.

En vérité, on n'essuie pas avec la paume tout entière, mais uniquement avec le bout des doigts, ce qui sèche mieux et plus rapidement.

Avant de quitter la salle de bain, le tronc sera toujours recouvert de laine ou de flanelle.

Le massage au gant de crin ou autre procédé semblable est plutôt nuisible dans cet état de l'entraînement.

Le jeune homme d'ailleurs doit laisser tout ces moyens énergiques aux gens d'un certain âge qui ont besoin de rendre aux tissus, aux articulations, une souplesse qui s'en va ou qui déjà est évanouie.

Nous devons poser ce principe que tout ce qui est brutal, trop énergique ou violent est préjudiciable à l'organisme de l'adolescent; il l'est également souvent à l'adulte, tant qu'il n'a atteint un certain degré de maturité. La nature réclame l'équilibre et ce n'est que lorsque cet équilibre est rompu qu'il nous est permis d'user de moyens énergiques pour le rétablir.

Naturellement nous ne nions pas les bons effets de l'eau froide, *dans certains cas,* nous nous demandons seulement à quel moment il est bon de l'appliquer et bien des médecins se le sont demandé avant nous.

Le degré d'impressionabilité du sujet est le premier facteur à étudier et ensuite, il faudrait se rendre compte, à quelle période de la vie, l'eau froide en affusion ou autrement est nécessaire.

Or nous ne croyons pas nous tromper en

affirmant qu'elle est parfaitement inutile à l'adolescent, surtout : s'il use d'autres procédés plus normaux, pour effectuer les combustions chimiques internes.

Partant de ce principe, et analysant les résultats qu'elle entraîne dans le courant circulatoire, nous en concluons sans trop d'hésitation qu'elle est plutôt nuisible.

Le premier contact de l'eau glacée cause forcément une élévation de la température centrale et par conséquent une suractivité circulatoire qui n'est qu'une cause d'épuisement pour l'organisme, si elle est souvent répétée, ce qui se produit avec le tub froid, ou la douche.

Quant à son influence sur les globules rouges, elle n'est pas niable, mais en même temps, on peut hésiter à affirmer que cette influence compense l'effet néfaste sur la circulation chez un jeune homme, toujours particulièrement sensible.

Nous en arrivons donc à la proscrire pour la durée du premier entraînement ; nous ne l'encouragerons certainement pas pendant les entraînements suivants. Ce ne sera qu'après un temps assez prolongé, lorsque l'organisme aura besoin de révulsifs puissants qu'il deviendra possible d'y avoir recours.

Nous avons parlé des gants de crins et de tous les accessoires en général de l'hydrothérapie moderne. *A priori*, nous avons éloigné tous ces procédés. Il reste le bain de vapeur auquel il a été de mode d'attribuer une multitude de qualités.

Au point de vue physiologique, ils entrent dans le domaine thérapeutique. Pour le sportif, ils sont dangereux, même répétés à espaces éloignés. Ce sont des destructeurs d'énergie physique et musculaire, ils incitent à l'indolence, mollesse qui se prolonge parfois fort longtemps, sans que le sujet y prenne garde.

En résumé, le mieux est de s'en tenir à la méthode que nous préconisons; avec elle, le sportif n'aura nulle surprise, il assurera la vigueur de son âge mûr, en même temps que la robustesse de sa jeunesse.

Tout, en dehors d'elle, n'est que fioriture, que le véritable aspirant athlète doit mépriser, sans s'y arrêter une minute.

Nous avons examiné tour à tour le massage, l'hydrothérapie, comme complément de l'entraînement physique. Il nous reste à dire quelques mots du régime alimentaire.

Il est évident que le sportif se livrant à des efforts musculaires répétés, ne mangera pas d'une façon efficiente, comme le sédentaire, dépensant peu de force physique.

Or, ce côté de la question a toujours été négligé, lorsqu'il s'agit de sport. On dit : un bon bifteck, un bon bouillon et on ne cherche pas à approfondir la question, comptant sur l'organisme pour se conduire lui-même, au mieux de l'intérêt de l'individu. C'est plus que puéril, c'est dangereux. Ou l'on mange trop et l'on fatigue les organes de la digestion; ou l'on mange insuffisamment et l'on s'épuise. Même en mangeant normalement, comme *tout le monde*, on néglige des aliments nécessaires, pour absorber les inutiles ou les mauvais.

XI

Il existe une divison des aliments assez factice, que nous conserverons cependant, parce qu'elle offre l'avantage, de s'appliquer à notre sujet.

C'est une classification purement chimique, précisant de quelle manière l'organisme utilise la partie assimilable de la nourriture ingérée.

On trouve ainsi :

L'aliment dynamogène, celui qui crée la force.

L'aliment plastique, celui qui favorise la nutrition des tissus.

Parmi les premiers, entrent les hydrates de

carbone, c'est-à-dire, tous les produits résultants de l'union d'un carbone avec de l'eau. Et les graisses.

Parmi les seconds : tout d'abord les albuminoïdes et les proteïdes ; puis l'eau et les sels minéraux.

Les albuminoïdes constituent un groupe, de corps neutres, azotés et incristallisables. Parmi les éléments qu'ils fournissent à la nutrition, on rencontre l'albumine, la fibrine, la caséïne, et des poisons comme la ptomaïne, la leucomaïne.

Les proteïdes sont des composés assez complexes, qui contiennent, aussi bien de l'hydrogène et de l'oxygène que du soufre et du carbone.

De ce qui précède, il ne faudrait pas conclure, que les éléments dynamogènes, sont seuls utiles, voire nécessaires au sportif.

En effet, le système musculaire ne trouvant plus à sa portée les éléments de nutrition dont il a besoin, s'en va chercher ce surplus qui lui manque dans les tissus.

C'est ce qui explique pourquoi beaucoup de

sportifs sont maigres. Cela n'est évidemment pas un indice de vigueur et partout où il y a maigreur, il y a par surcroît déséquilibre de l'organisme ou, plus exactement, défaut de nutrition.

Ce défaut de nutrition peut également provenir d'une insuffisance d'assimilation, cependant ce ne devrait jamais être le cas pour le sportif, qui active, par l'exercice physique, les combustions chimiques et facilite l'élimination des déchets.

Croyons plutôt que cet état de maigreur provient d'une mauvaise alimentation, causée d'ordinaire par l'ignorance des phénomènes de la digestion.

Disons quelques mots de ces phénomènes, dont la connaissance aidera l'aspirant sportif à apprendre à manger, ce qui est aussi nécessaire que de savoir marcher.

Nous ne parlerons ici que du mécanisme pur de la digestion, afin de ne pas compliquer le sujet.

Tout d'abord la mastication, lorsque les aliments sont dans la bouche, attire une masse considérable de salive.

Cette salive contient un premier ferment soluble qui entraîne, ou plutôt commence la décomposition des aliments, pour en extraire les agents nutritifs.

Sans mastication patiente et attentive, peu ou pas de salive. Les aliments arrivent alors à l'estomac, sans avoir subi cette transformation de début. Il en résulte que déjà le sujet a laissé échapper des agents nutritifs qu'il ne récupérera plus.

Or, pour l'athlète, cette salivation est des plus importantes, parce que c'est elle qui extrait la glucose de tous les colloïdes ingérés.

Arrivés dans l'estomac, les aliments mis en contact avec le suc gastrique, abandonnent une autre parcelle de leurs éléments nutritifs.

C'est dans l'estomac que les albumines sont rendus assimilables. Par conséquent, pour la digestion de la viande le suc gastrique est nécessaire.

Lorsque la nourriture a franchi l'estomac et qu'elle parvient à l'intestin, elle est absolument transformée. L'amidon est devenu glucose, l'albumine, peptone.

Mais le travail n'est pas encore terminé; dans l'intestin, cette masse alimentaire rencontre le suc pancréatique. Celui-ci termine à peu près la tâche et toutes les substances ingérées sont devenues aisément dialysables.

Alors, elles traversent les parois et sont entraînées dans le courant circulatoire pour nourrir l'organisme entier.

Les déchets sont emportés en dehors, et ces déchets n'ont rien gardé, ou à peu près rien, des éléments nutritifs des aliments, si la digestion est bonne.

Ceci est un schéma du mécanisme de la transformation de la nourriture. On comprend dès lors, pourquoi, tout d'abord, une mastication soigneuse est nécessaire, comment l'exercice physique favorise l'assimilation des aliments en procurant aux organes une élasticité dont ils ont besoin, pour accomplir leur tâche. Enfin pour que tous ces organes, tous les muscles profitent de cette alimentation, il faut que le courant circulatoire soit parfaitement régulier. D'où nécessité d'une bonne respiration.

Pour le sportif surtout, il est visible que tout

se tient : pas de muscle sans une alimentation rationnelle; pas de muscle, sans une circulation régulière; pas de bonne circulation, sans une nourriture appropriée et inversement.

Or notons que la digestion pour s'accomplir normalement, débute par la mastication.

Donc, mangeons lentement et mâchons bien les aliments, afin de favoriser la salivation et ne laissons descendre dans l'estomac qu'un bol alimentaire déjà considérablement transformé.

Mais, il n'y a pas de sérieuse mastication sans dents saines. Pour entretenir les dents saines, il faut les brosser le matin et le soir. Les dentifrices de toutes marques ne sont pas absolument nécessaire. Passez votre brosse sur votre savon ordinaire et à la rigueur cela suffira. Ne craignez pas de vous rincer la bouche entièrement avec cette eau légèrement savonneuse.

On se brosse les dents le matin au lever et le soir avant de se mettre au lit.

Voici donc quelques principes généraux,

examinons maintenant la valeur nutritive des divers aliments. A ce propos bien des erreurs se sont établies et la routine empêche de les déloger de leur piédestal.

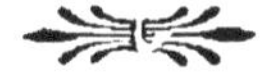

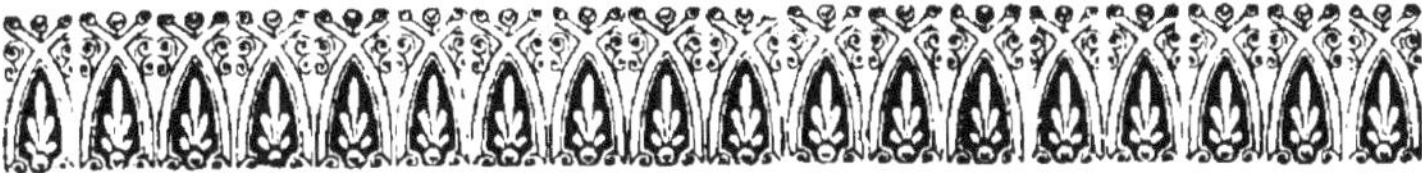

XII

Tout d'abord le pain est-il un aliment aussi essentiel que l'on a coutume de le dire? On peut en douter en constatant combien on en mange peu dans les autres pays.

Considérons-le plutôt comme le complément des autres éléments d'un repas et non point comme sa partie principale.

On doit manger du pain à cause de la quantité d'hydrates de carbone qu'il fournit à l'organisme; néanmoins cette quantité est minime en regard du volume de pain ingéré.

Voici donc une légende qui s'en va et à l'usage on en verra l'inanité.

Se bourrer de pain, c'est épuiser l'estomac en l'assujettissant à un travail considérable. Quoiqu'il en soit, il est nécessaire qu'il soit toujours très bien mâché, pour en extraire la glucose qu'il contient.

Lui serait préférable le pain bis ou le pain de ménage des campagnes; les pains de gruau sont sans aucune valeur pour un organisme sain.

Dans le même ordre d'idées, les macaronis sont plutôt à recommander, en raison de leur richesse en vitamine.

Le riz, très riche en carbone est excellent pour le système musculaire.

Le fromage, principalement le gruyère et tous les fromages durs, est un aliment de premier ordre, aussi bien pour les tissus que pour les muscles.

Les œufs, contrairement à ce que l'on suppose, n'ont pas grande valeur nutritive pour les jeunes gens.

Par contre, le lait est un aliment complet, mais il est préférable de le prendre seul, sans le mélanger à un autre aliment. Toutefois, il supporte le pain et naturellement le beurre.

Le beurre est également nécessaire au sportif, il ne craindra pas d'en manger, en toutes les circonstances où cela lui sera possible. Une tartine bien beurrée le matin, vaut tous les déjeuners à la fourchette que l'on puisse inventer.

La viande doit tenir la première place dans l'alimentation de l'athlète et de l'adolescent. Prétendre la remplacer par des féculents, tels que les lentilles ou les haricots, est une aberration, si ce n'est un prétexte à l'avarice.

Certes, les haricots et les lentilles, sont des aliments de premier ordre, il est seulement regrettable, qu'il faille les consommer en grande quantité, tandis que la viande absorbée sous un petit volume est plus facilement assimilable.

Toutes les théories sur les qualités des légumes secs étaient peut-être valables pendant la guerre, étant donné la pénurie de la viande. Ce prétexte a cessé aujourd'hui, rendons donc à l'aliment carné, la place qui lui convient.

Évidemment nous parlons ici pour l'aspirant en athlétisme et en général pour tous les adolescents. Ces derniers ont besoin d'une ration d'entretien, doublée d'une ration de croissance. Les priver de viande, c'est les conduire au rachitisme, surtout si en même temps, ils font du sport.

Le sport ne nourrit pas son homme, il l'aide seulement à digérer.

Un homme ordinaire a besoin d'un minimum de 25 grammes de substances protéïques par jour, doublons sans crainte la dose pour le sportif ou l'adolescent.

D'autre part, d'après Lambling, 100 grammes de bœuf, fournissent, 20 grammes de substances albuminoïdes. Cela nous conduit à un minimun de 250 grammes de viande par jour, pour un individu se livrant à un léger effort physique.

Les poissons sont également un aliment de premier ordre et d'une facile digestion; ils manquent cependant généralement d'hydrates de carbone. Ils sont diversement recommandables toutefois, et nous donnerons quelques précisions à ce propos, au chapitre suivant, dans l'étude des régimes à suivre.

Mais pour le sportif, le premier des aliments est incontestablement le sucre. Il doit en manger sous toutes les formes possibles, en ingérer sous de faibles volumes, toutes les fois qu'il en aura l'occasion.

La valeur du sucre a été constatée sur les chevaux de course que l'on nourrit à la mélasse, jointe au grain.

Le muscle dévore le sucre, il en a besoin continuellement, et si on veut l'entretenir en souplesse et en force, il faut lui en procurer.

Le sucre absorbé provient surtout des mets sucrés que nous ingérons ; la confiture à ce propos est excellente; les fruits nous en procurent également une certaine part.

Mais reconnaissons cependant, qu'un simple morceau de sucre cristallisé, vaut mieux qu'un grand nombre de bonbons.

Parmi les légumes verts, ceux qui sont à recommander au sportif sont les suivants, dans leur ordre de valeur :

Haricots verts.

Pomme de terre.

Petits pois.

Carottes.

Choux.

Comme le dosage à chaque repas est impossible, on le remplacera en multipliant ceux qui offrent le plus de qualités nutritives.

Par exemple on aura par semaine :

2 fois des haricots verts.

2 fois des petits pois.

1 fois des pommes de terre.

1 fois des choux.

1 fois des carottes.

Ceci par exemple pour le repas de midi ; si on mange des légumes frais également le soir, on intervertira l'ordre, afin de procurer aux menus quotidiens une certaine diversité.

Cependant pour le dîner du soir, on remplacera deux fois les légumes, par des macaronis.

Les légumes verts, comme les fruits, procurent au sportif une grande quantité d'hydrate de carbone. Or nous savons que l'hydrate de carbone est un aliment dynamogène.

Voici, dans leur ordre de valeur, les plus couramment consommés.

Raisin. Prunes.

Amandes.

Poires.

Cerises.

Pommes.

Noix.

En revanche, la noix qui est peu riche en hydrate de carbone, fournit une grande quantité de graisse, c'est pourquoi c'est un fruit d'hiver. Après la noix, dans le même ordre d'idée, vient l'amande sèche.

Nous avons, croyons-nous, passé en revue les principaux aliments, mais il en reste un, le plus naturel, en même temps que le plus important: l'eau.

On a calculé que l'organisme perd environ 3 litres d'eau en vingt-quatre heures, soit par la respiration, soit par la sudation, soit par les voies urinaires.

Il y a donc 3 litres d'eau à récupérer chaque jour. Cette quantité est certainement un minimum pour le sportif qui est soumis par les exercices physiques à d'abondantes transpirations.

Sur ces trois litres, quinze cents grammes nous sont fournis par les aliments. Il reste quinze cents grammes à absorber par la boisson.

Ces quinze cents grammes nous les trouverons plus aisément en buvant de l'eau à nos repas. En principe, le vin devrait être prohibé à l'adolescent, comme au sportif.

Il serait préférable, si l'on ne peut s'en dispenser entièrement de boire deux verres d'eau en mangeant et la valeur d'un verre à Bordeaux de vin, avant la fin du repas.

A ce propos, indiquons qu'il existe un moyen simple de stériliser l'eau de boisson, sans user de filtre et sans la faire bouillir.

Il suffit de verser *3 gouttes* d'eau de Javel dans un litre d'eau. On laisse reposer vingt-quatre heures puis l'on s'en sert.

Plus le travail musculaire sera pénible, plus il y aura nécessité d'abondance d'eau.

Apéritifs, liqueurs, alcools de toute sortes, sont nuisibles, même en petite quantité.

Ceci nous amène à parler du bouillon qui n'a

pas grande valeur nutritive. On le considérera comme un excitant, au même titre que le café ou le thé.

Il sera donc un excellent apéritif, pris en *petite quantité*, au début du repas. Par petite quantité, nous entendons le fond d'une assiette à soupe.

En prendre beaucoup, deux, trois assiettes, comme le faisaient jadis nos pères, est plus pernicieux que sain. On se remplit l'estomac de liquide sans grand profit pour l'organisme.

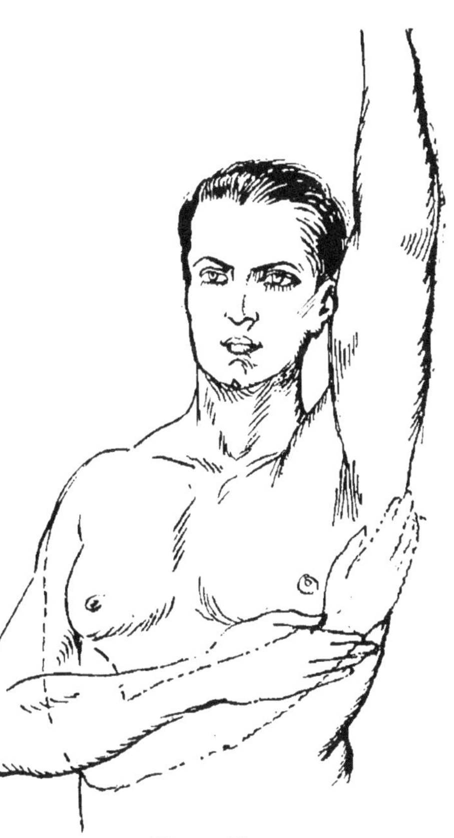

Figure 10.
Massage, troisième position.

Dans le même ordre d'idée,

nous conseillons le thé ou le café, à la valeur d'une tasse après le repas, ou entre les repas.

Par exemple: une tasse de café noir après le déjeuner de midi; une tasse de thé additionnée de lait (et non de rhum) à 5 heures. Le soir, il est préférable de se dispenser de l'un et de l'autre.

En résumé, la valeur respective des aliments est la suivante:

Sucre et lait (beurre, fromage.)

Viande et féculent (haricots, lentilles, macaroni, pain).

Légume frais et fruits.

Eau.

Comme adjuvants à la nutrition: bouillon, café, thé.

Evidemment pour qu'une alimentation soit complète, elle doit prendre ses éléments à chacune de ces denrées, dans un temps donné, dont l'unité pourra être par exemple la journée.

Autrement dit, en une journée, il faudra absorber: du sucre, du lait, de la viande, un féculent, un légume frais, un fruit, de l'eau.

Il s'agit maintenant de fixer à chacun la quantité nécessaire à chaque jour, c'est ce que nous allons essayer de faire dans le chapitre suivant.

Auparavant, précisons un point de détail qui a été souvent négligé.

Pour l'athlète, le sportif, en général tous ceux qui se livrent à un effort musculaire prolongé, les viandes blanches sont de peu de valeur, on leur préférera le bœuf, le mouton et enfin le veau. Quant à la viande de cheval, on l'abandonnera aux impotents, car il n'est pas encore bien prouvé qu'un bifteck de vieux cheval de fiacre donne au coureur d'excellentes jambes.

Par contre le gibier sera le plus souvent proscrit, en manger sera une gourmandise, c'est-à-dire une exception.

Il nous reste à donner un modèle type de repas pour l'aspirant athlète ou l'adolescent en état de croissance. Il est évident que l'homme en pleine maturité, diminuera la viande, augmentera les légumes et continuera à user de sucre sans parcimonie, à moins de contre-indication du médecin.

XIII

Si on rassemble les données précédentes, on se rend compte que le sportif a besoin autant de matière protéïques, qu'albuminoïdes, de graisse et surtout de sucre.

Si l'on mesure en outre la valeur nutritive de chaque aliment, on arrive aux indications suivantes pour la nourriture de la journée.

1° Le petit déjeuner du matin sera composé :

1 bol de lait, environ 1/3 de litre.

1 tartine *bien beurrée.*

Si l'on éprouvait de la répugnance pour le lait pur, on y ajouterait une goutte de café, juste pour teinter.

Les cacaos ne sont pas à recommander d'une façon générale pour en user quotidiennement, comme trop échauffant. Toutefois, pour varier, il sera loisible d'en prendre une ou deux fois par semaine. Mais alors n'absorber que des cacaos de bonne qualité ; or, il faut se rappeler que le cacao de bonne qualité, ne fait *pas de dépôt*. Le cuire longtemps sur petit feu. Tout cacao laissant un dépôt sableux au fond de la tasse est à éliminer, comme dangereux pour l'intestin, celui-là est fabriqué avec le fruit tout entier, écorce et pulpe. Tandis que le bon cacao n'est que la pulpe du fruit. Toujours le bien sucrer.

Le cacao est à préférer au chocolat.

Pour le repas de midi, nous trouvons d'une façon approximative :

Viande rôtie	150 grammes
Légumes frais	200 gr.
Fromage	25 gr.
Fruits ou confiture	à discrétion.
Pain	à discrétion, sans excès.
Eau	2 verres.

Si l'on remplace la viande par du poisson, nous conseillons, suivant le genre :

	Hareng	2
ou	Maquereau	1 et demi
—	Morue	125 grammes.
—	Raie	100 gr.
—	Sole	1 et demi
—	Cabillaud	125 gr.

Les homards, huîtres, écrevisses, moules, n'entrent pas dans le cadre d'un repas ordinaire; nous n'en parlerons donc pas, conseillant plutôt à l'aspirant sportif de s'en abstenir le plus possible. Ce sont généralement des excitants, dont l'apport nutritif est faible.

Il faudra toujours terminer le déjeuner par un dessert sucré, le meilleur est assurément la bonne confiture. Ne pas croire à la légende que le sucre abîme les dents, il fortifie les muscles au contraire. On pourra donc manger de la confiture à satiété, sans pour cela être contraint d'ingérer des kilogs de pain, ce qui serait plutôt nuisible. Si on en consomme le matin, en même temps que le beurre, ce sera tant mieux pour l'organisme.

Il n'en est pas de même des pâtisseries qui n'ont qu'une valeur gourmandise.

Parmi les fruits, le raisin et la prune auront la première place, ensuite viendra la poire. Ne craignez pas de manger du raisin, c'est le plus chargé de tous les fruits en hydrates de carbone et en substances protéïques. Cependant leur apport nutritif au système entier sera relativement faible.

Les noix, les amandes sont excellentes en saison, mais ne doivent pas servir à engloutir un kilog de pain, ce qui est purement indigeste.

Les deux verres d'eau seront bus autant que possible par quarts et non point un verre d'un seul trait. Toutefois au début extrême du repas, un demi, voire les deux tiers d'un verre nettoie le passage, entraînant les résidus séjournant encore dans l'estomac. Ensuite on se modérera et l'on pourra terminer par un quart de verre.

L'immobilité favorise la digestion, quoi que l'on dise, beaucoup plus que le mouvement après le repas. Il est donc parfait, si on le peut, de demeurer une demi-heure assis. Puis l'on reprendra l'activité coutumière, mais par degrés, avec modération au début.

Passons maintenant au repas du soir, qui ne doit guère différer de celui de midi :

Potage liquide, ou bouillon : un fond d'assiette.

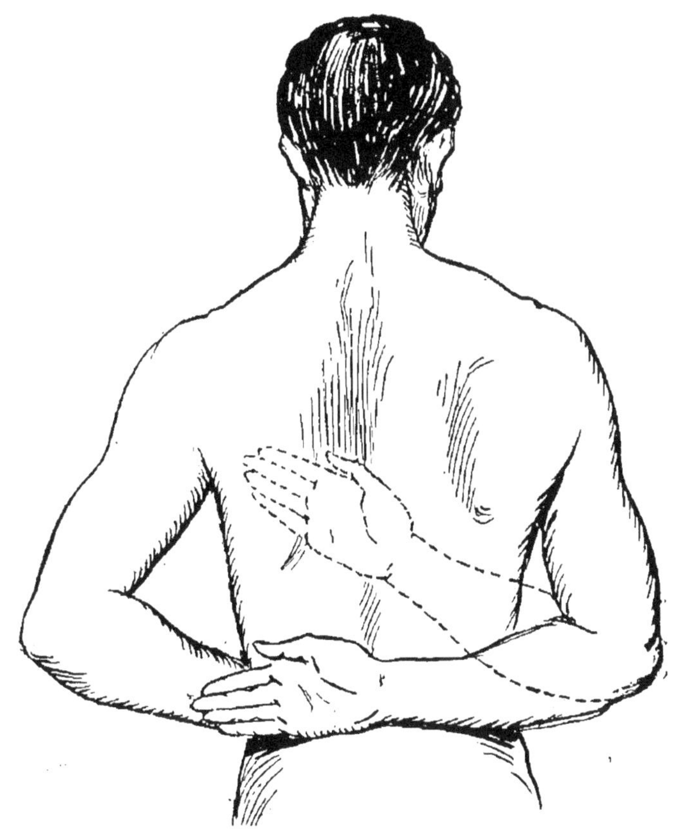

Figure 11. — Massage, quatrième position.

Viande : 125 grammes.

Légume sec ou pomme de terre : 250 grammes.

Confiture ou fruit : à discrétion.

Pain : à discrétion, sans excès.

Eau : 1 verre et demi.

On remplacera souvent les légumes par du riz ou du macaroni, dont la quantité pourra être *un peu* diminuée.

Rappelons que le bœuf bouilli dans le pot-au-feu, n'a aucune valeur nutritive, ce ne peut être qu'un hors-d'œuvre et ne constitue pas un plat de viande.

Puisque nous parlons des hors-d'œuvre, disons qu'ils ne sont qu'un superflu ajouté au régime précédent. Il est préférable de les remplacer par un dessert copieux.

Si on prend du potage, on se contentera d'un verre et demi d'eau; dans le cas contraire, on boira ses deux verres sans inconvénient.

Cependant si l'on mange beaucoup de fruits, aussi bien à midi que le soir, on pourra réduire cette quantité; mais si on se contente uniquement de confiture, elle sera immuable.

Lorsque l'on remplacera la viande par le poisson, on adoptera les indications fournies plus haut, pour le déjeuner.

La valeur nutritive du potage est absolument nulle; sauf pour l'eau qu'il contient, c'est pourquoi nous jugeons un fond d'assiette parfaitement suffisant.

Le verre de liqueur ou simplement d'alcool après le repas, n'entrera jamais dans les habitudes du sportif; en user, même modérément, c'est tuer ses muscles.

On comprend aisément que la question de nourriture a une extrême importance, pour quiconque s'entraîne aux sports. Nous nous y sommes arrêtés à dessein, parce que la plupart des jeunes gens en France, mangent insuffisamment lorsqu'ils font du sport. Plus exactement ils apaisent leur faim, mais nourrissent mal l'organisme.

Assurément une soupe épaisse le soir et un morceau de fromage, laissent l'impression qu'on a beaucoup mangé. Au bout de compte, de cet amas de nourriture, l'organisme n'extrait qu'une faible quantité de substance nutritive. Lorsque ce régime passe à l'état d'habitude, il en résulte un affaiblissement général, qui se manifeste par la sénilité précoce. Alors pour parer à la défaillance des forces, on se dope avec de l'alcool, c'est-à-dire que l'on devient une non-valeur.

Pour être un bon sportif, il faut manger d'une façon rationnelle, ne pas se surcharger d'aliments inutiles, mais fournir à l'organisme, les aliments dont il a besoin.

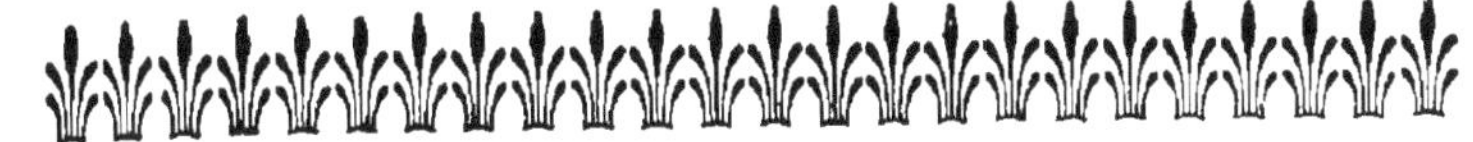

XIV

Résumons maintenant tout ce qui a été dit dans cet ouvrage d'une façon forcément diffuse, chaque détail réclamant une explication et une justification.

Si nous nous rapportons à l'étude du squelette et des muscles et que l'on mette chacun à sa place, on constatera que chaque muscle est destiné à mouvoir un os, une partie de squelette qui lui est immédiatement inférieure.

Par exemple, le biceps, meut l'avant-bras ; le deltoïde, le bras.., etc.

On conçoit dès lors une méthode d'entraînement appropriée au sport que l'on veut adopter.

Mais aussi on se rend compte que le système musculaire forme un tout, dont les éléments se rattachent l'un à l'autre.

Il faut donc, par un entraînement général, procurer à ce système une cohésion parfaite, si l'on souhaite que l'une ou l'autre partie ne fléchisse pas.

L'entraînement devra donc être total au début mais sans effort, afin de ne favoriser un muscle au détriment des autres, ce qui détraquerait la machine entière.

De même, un court examen anatomique, permet de s'apercevoir que le système circulatoire est calqué sur le système musculaire ou inversement.

Il en résulte que.pour apporter à chaque muscle une égale vigueur, il faut avant tout rendre la circulation régulière, c'est-à-dire que le sang parcoure le corps entier à un rythme toujours semblable à lui-même, distribuant la nourriture partout à la fois.

Ce résultat on l'obtient par la respiration qui est les grand régulateur du cœur.

Pour arriver à donner aux poumons un jeu rythmique et rationnel, nous avons recommandé la marche en comptant, mentalement.

1-2-3-4

Pour le début, chaque groupe de 4 chiffres correspondant à une inspiration et à une expiration en même temps que chaque chiffre marque un pas. Ainsi pendant que vous comptez 1-2-3-4 en une seule aspiration, vous faites quatre pas....., etc.

A ce procédé simple, nous ajouterons le port de la canne, en travers du dos, à la hauteur des omoplates, les mains ramenées aux extrémités de la canne.

Le comptage se poursuivant, on arrive à

1-2-3-4-5

Ce qui accélère la marche. Puis enfin à

1-2-3-4-5-6

Cet exercice se fait sur 1 kilomètre au début, ensuite 2,3,4 et même 6, quand on montre un peu de ténacité.

A cet exercice, nous ajoutons les six mouvements de massage, *le soir*, avant de se coucher. Ce massage étant destiné uniquement à fortifier les principaux muscles du tronc et du cou, qui sont la base de toute vigueur et de toute élasticité.

Enfin nous complétons l'entrainement par le *tub tiède*, le matin, quotidiennement.

On arrive ainsi à l'emploi du temps suivant, qui devrait être celui de tout aspirant sportif:

Lever, sans brusquerie, après une vingtaine de minutes dans la position couchée sur le dos, lorsque la vue s'est entièrement éclaircie.

Habillage, rapide: un sweater à col haut; un pantalon lâche et léger, ou culotte; des espadrilles à semelles de cuir avec talon bas; une casquette.

Se couvrir d'un pardessus à l'aller et au retour.

Exercice de marche rythmée: 25 à 35 minutes. Marche normale, les pieds dans la position habituelle.

Tub tiède: dix minutes, en commençant par les affusions aux pieds. Séchage : cinq minutes, avec frictions rapides, la serviette tenue à deux mains.

Repos dans le lit : les couvertures tirées

jusqu'au menton. Une dizaine de minutes.

Toilette définitive: pour la journée. Brossage des dents à ne jamais négliger.

Massage: le soir, deux heures après le repas. Les six mouvements intéressant le tronc, ter-

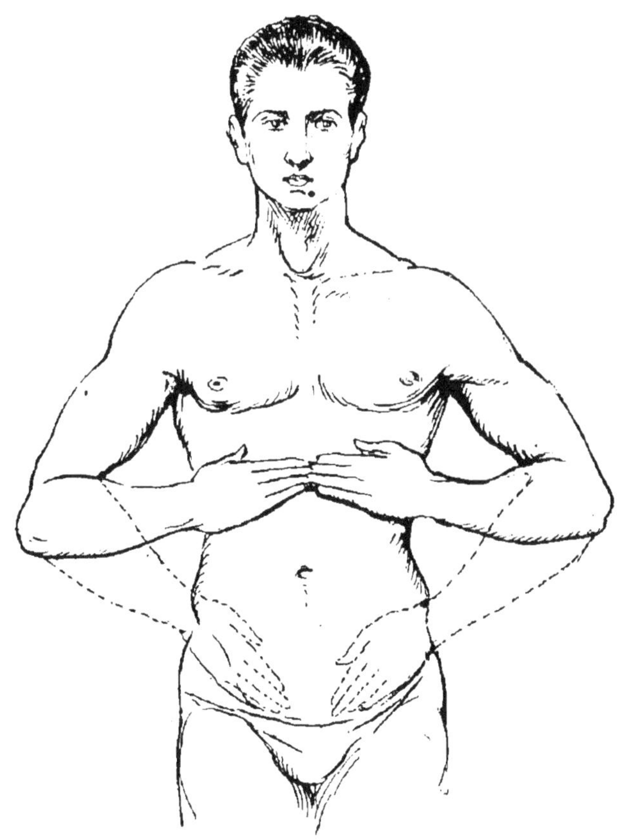

Figure 12. — Massage, cinquième position.

minés en trente minutes environ. On revêt le pyjama; on lave les yeux et la bouche.

Coucher: 8 heures de sommeil au minimum suivant tempérament. Pendant la belle saison: la fenêtre entr'ouverte, l'air dirigé vers le côté de la pièce opposé au lit. Eviter la clarté de la lune qui est mauvaise pour les yeux, comme nous l'enseignent les Orientaux.

En résumé, l'hygiène et l'entraînement sportif, ont occupé moins de deux heures. Prétendre que l'on manque de temps pour s'y astreindre est puéril et indique chez celui qui s'arrête à cette raison, une absence foncière d'énergie et de vitalité.

Cet entraînement se complète par un régime alimentaire rationnel, qui consiste à absorber des aliments nutritifs et à éliminer ceux qui n'ont qu'un rôle de remplissage.

A ce point de vue, les Anglais, les Scandinaves, les Danois, plus frustes, se nourrissent d'une façon plus sage que les Français, assurément, par contre, avec beaucoup moins de raffinements.

Cependant on peut juger de leur valeur sportive à tous les concours internationaux sans exception.

Que l'on ne nous dise pas que le régime que nous préconisons est coûteux, puisque déjà nous supprimons l'alcool qui est un gros rongeur de budget, nous supprimons le vin qui est également une dépense à notre époque. Remplacez tout cela par de la viande et du sucre, vous vous en trouverez mille fois mieux.

Or ce sont généralement la viande et le sucre qui sont déficients dans l'alimentation du jeune homme français.

Le tabac ne pouvant pas être supprimé, n'usez pas des gros tabacs noirs qui incitent à l'absorption de l'alcool. Préférez-leur les tabacs blonds d'Orient ou de Virginie, plutôt les orientaux, les égyptiens, les tunisiens.

Quoique l'on suppose, il n'existe aucune différence au point de vue de la nocivité entre la pipe et la cigarette, chacune a ses inconvénients.

Les tabacs de bonne qualité sont en longs brins, c'est-à-dire pris dans la chair de la feuille. Ceux à brins courts ont été hachés avec les nervures de la feuille.

La présence de bûches, de nervures, indiquent des tabacs de deuxième et troisième qualité.

Mais revenons au sport proprement dit. Comme on a pu le constater, l'entraînement que nous préconisons dure environ trois mois. Il sera donc profitable de le commencer dès le début de la bonne saison.

Par cet entraînement on a préparé le corps entier à supporter l'effort sportif, les organes ont pris leur place, les muscles se sont assouplis, la respiration s'est régularisée.

L'aspirant athlète se trouve en parfait état physique, pour entreprendre les travaux plus pénibles que nous allons lui conseiller.

La période qui va suivre étant la période d'hiver, sera réservée à la culture physique proprement dite.

Elle sera destinée à développer la vigueur des muscles. Elle sera accompagnée d'une série de massages appropriée au travail de l'organisme.

L'hydrothérapie ne sera non plus négligée, quant au régime alimentaire, il restera sensiblement le même que pour le présent entraînement.

Ensuite viendront successivement les exercices destinés à fortifier les jambes, par le saut, la course, la marche.

Puis le développement des bras par le lancement du disque et du javelot.

Le tout ensemble forme l'entraînement complet et rationnel, en dehors duquel, il n'existe aucune possibilité de devenir un athlète véritable.

Ces différentes questions, nous les étudierons dans les tomes suivants. Mais nous recommandons instamment à l'étudiant, de ne jamais vouloir aller plus vite que la nature.

Nous répétons encore une fois, que l'entraînement entier dure environ trois ans, ensuite, mais ensuite seulement, il pourra se permettre de paraître dans les concours.

La méthode qui consiste à se présenter d'abord dans les concours, puis à perfectionner certaines de ses facultés est aussi défectueuse que déprimante pour l'organisme. On demeure peut-être, ainsi, un ou deux ans bon coureur, bon sauteur — en apparence — mais à la suite de cet effort on devient cacochyme.

Quelle que soit la spécialité que vous adoptiez, il est nécessaire que vous soyiez d'abord un bon athlète complet.

La tâche alors pour se perfectionner, soit dans la course, soit dans la boxe, ou tout autre sport, est devenue extrêmement aisée.

Cet entraînement que nous préconisons, c'est en même temps la recherche du style, du mouvement harmonieux, qui n'a aucun rapport avec les crispations effroyables, les contorsions de polichinelles, que de nombreux sportifs, nous donnent en spectacle quotidiennement aux diverses réunions auxquelles nous assistons.

Pour le sport également, le style, c'est l'homme.

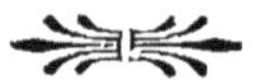

XV

Nous avons voulu dans le présent ouvrage essayer de notre modeste voix, de réagir contre la méthode déplorable d'entraînement qui existe actuellement.

Si ces méthodes se perpétuaient, bien loin de nous apporter une jeunesse robuste et saine, elles créeraient purement et simplement une génération malheureuse, aux poumons crevés, aux cœurs atrophiés.

Lorsque nous voyons passer ces jeunes hommes, vêtus de caleçons, qui s'entraînent à la course et qui en même temps présentent de pauvres épaules rentrées, des bras fluets d'enfants, nous ne pouvons que hausser les épaules.

Quand nous apercevons dans une périssoire, un fanatique exposant des jambes de la maigreur d'une allumette, nous nous demandons avec angoisse dans quel état doit se trouver son pauvre cœur surmené.

Toute la question se résume à ceci : avant de cultiver un sport, cultivez votre physique, sinon vous vous livrez à une fatigue désordonnée, peu en rapport avec l'état de vos organes.

Le sport proprement dit ne doit pas être un moyen, mais une fin.

En réussissant dans une catégorie quelconque, on ne doit point prouver la valeur de tel ou tel membre, mais l'équilibre du corps entier.

Or pour atteindre à cet équilibre, la plus extrême prudence au début est nécessaire. Il faut savoir se soumettre à une dure discipline, ne pas dépasser certaines bornes fixées à l'avance.

Espérer que l'on deviendra un boxeur en donnant de grands coups de poings à un ballon, sans avoir acquis au préalable une vigueur générale incontestable, restera toujours du domaine de la fantaisie.

Il en est de même pour toutes les branches de l'énergie physique.

Disons mieux: qu'un individu soulève des poids énormes, n'implique pas qu'il est fort, que c'est un athlète. Si les jambes, la respiration, la circulation ne répondent pas à la force des bras et du tronc, c'est un anormal, quelque chose comme le veau à deux têtes.

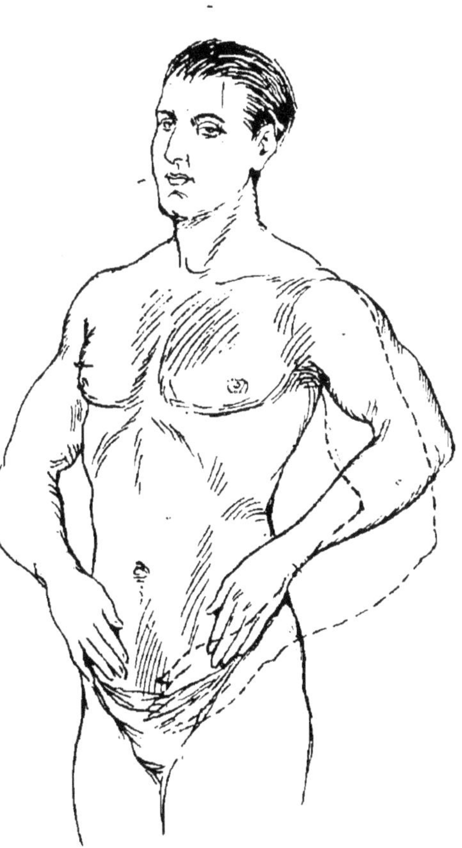

Figure 13.
Massage, sixième position.

Que chacun de nous ait une prédisposition particulière pour tel ou tel sport est parfaitement certain; mais il entre là une grande part ayant trait au psychisme.

L'individu élégant, d'esprit affiné, n'aura aucune tendance à jouer de l'haltère, il préférera le javelot qui a une ligne magnifique ou le tennis qui est un exercice gracieux.

Il faut donc, dans nos prédilections particulières, tenir compte de la mentalité, qui est après tout le régulateur de notre physique.

Si l'on admet ce raisonnement, on est conduit forcément à reconnaître la nécessité d'un entraînement général avant de pouvoir préciser ses goûts véritables.

Se laisser entraîner par la mode du jour, le goût passager, c'est faire preuve d'un manque de personnalité absolue.

Il faut être fort, uniquement pour être fort, non point pour étonner un certain nombre de spectateurs.

Que l'on éprouve quelque fierté à battre publiquement un record, rien n'est plus naturel; à condition évidemment que nous le battions *avec le sourire.* Sinon nous montrons simplement au prochain, notre vanité puérile, doublée d'un manque d'équilibre physique.

Quand nous battons un record en public, il faut que ce soit devenu une habitude dans notre privé. Autrement, si un sportman quelconque a sauté par exemple un mètre quatre-vingts et que nous prétendions atteindre un mètre quatre-vingt-quatre, il est nécessaire que nous y soyions parvenus seuls, par un long entêtement.

Qu'une fois en public, nous tentions de faire mieux que nous n'avons fait, chacun y applaudira; mais on applaudira surtout notre sagesse lorsque nous saurons discerner jusqu'où nous permet d'aller l'état de nos muscles.

Or, l'indice est absolu : dès que l'effort se manifeste extérieurement, nous avons dépassé nos potentialités. Aller plus loin, c'est compromettre tout notre avenir sportif.

Nous ne voulons ici faire de personnalités, mais que les fervents du sport, se rappellent le spectacle que nous offrait un coureur étranger, à côté de nos nationaux qui trimaient dur pour le suivre, tandis que lui-même semblait continuer son petit bonhomme de chemin.

Il y a dans ce simple fait, tout ce que nous souhaitons prouver ici. L'un était un athlète parfaitement équilibré; les autres, des courageux, des énergiques, c'est entendu, mais des athlètes insuffisamment entraînés pour la tâche entreprise.

Pour leur santé, leur vigueur, il est plus que probable que leur tentative fut fatale, que la blessure intime ne soit pas apparente immédiatement, c'est fort possible, grâce à la jeunesse qui réagit, mais elle existe et un jour, elle laissera voir sa face hideuse.

En revanche, nous ne croyons pas que l'athlétisme soit l'apanage unique des robustes; nous sommes au contraire persuadés que chacun peut y atteindre, par un développement progressif commencé assez tôt.

Le chétif obtiendra par l'entraînement rationnel, une amélioration telle que, certainement, elle sera voisine de la commune vigueur.

Sans essayer de vouloir préconiser notre méthode d'une façon absolue, on nous permettra de remarquer que notre marche rythmique offre tous les éléments nécessaires d'entraînement.

Le port de la canne soutenue avec les mains, oblige au travail aussi bien le deltoïde que le biceps ou les muscles palmaires.

L'effacement des épaules qu'elle entraîne, favorise le jeu des poumons qui trouvent dans la cage thoracique toute la place dont ils ont besoin.

Que l'on ne considère pas la démarche penchée, l'attitude veule, comme un vice congénital, c'est seulement le fruit d'un relâchement musculaire qui a pris naissance lors de la prime jeunesse.

Offrons aux muscles de reprendre leur position normale, l'élasticité dont ils ont besoin et ils s'empressent d'obéir.

D'où, après un certain temps de marche rythmée, plus d'épaules rentrées, mais un torse droit, bien étalé.

La simple respiration durant la marche suffit à contraindre au travail le grand droit et le grand oblique qui sont en correspondance avec les muscles cruraux.

C'est pourquoi nous avons indiqué comme un criterium, la souplesse de la taille, lorsque l'entraînement a commencé à se montrer efficace.

A ce propos, notons que le chant durant la marche, comme cela se pratique dans l'armée, n'est applicable qu'aux individus déjà entraînés. Pour le jeune homme, l'adolescent, c'est un surcroît de fatigue respiratoire, circulatoire et musculaire, qui ne trouve nulle part sa compensation. En outre, il est bien rare que les chanteurs improvisés, sachent régulariser leur soüffle, ils en arrivent alors bien vite à l'essoufflement qui est pernicieux.

Le comptage mental, présente également l'avantage d'empêcher l'esprit de réfléchir, de s'égarer et par suite d'entraîner un relâchement musculaire qui serait contraire au but de l'entraînement lui-même.

Enfin il nous paraît inutile d'insister sur la valeur de la marche au point de vue des muscles de la cuisse, de la jambe et du pied.

Le bref exercice contient donc tous les éléments nécessaires au parfait développement sportif, et il serait possible de s'arrêter, sans chercher à aller plus loin dans l'échelle des efforts physiques.

Il faut reconnaître que le bon fonctionnement des organes dépend de l'élasticité des muscles. Or, il est à peu près probable que nous avons obtenu ce résultat par simple exercice de marche, accompagné du massage qui a lieu le soir.

Le tub n'est qu'un complément, on s'en dispenserait que l'état physiologique n'en serait beaucoup modifié.

Nous le recommandons par ce que c'est un adjuvant à l'énergie physique et intellectuelle. Pour parler vulgairement, il réveille le sujet, le dégourdit, le repose de la fatigue occasionnée par la marche et le prépare à la besogne journalière.

Mais tout ceci serait insuffissant sans un bon régime alimentaire, qui évite la dilatation de l'estomac, ne laisse subsister dans l'intestin une trop grande quantité de déchets, tout en nourrissant l'organisme.

Sans alimentation appropriée, le sport est

nuisible, il serait préférable dans ce cas de demeurer confortablement dans un fauteuil.

Cependant le sport est nuisible sans qu'il y ait défaut d'alimentation, lorsqu'il dépasse les bornes permises à la constitution de chacun.

Et toujours il dépasse ces bornes, quand on se livre à un exercice violent, sans y avoir été entraîné progressivement, par un entraînement complet.

Beaucoup de médecins ont essayé de réagir contre cet engouement passager pour tout ce qui est sportif. On leur a reproché de jouer les Cassandre et les sots ont passé outre.

Cependant la vérité commence à se faire jour, on commence à s'apercevoir que nombre de joueurs de rugby rentrent chez eux, le soir, fourbus comme des chevaux de fiacre.

Saine fatigue, disent les ignorants ; déséquilibre physique, reconnaissent ceux qui veulent voir.

C'est évident, le rugby réclame un effort considérable, longtemps soutenu et la plupart des joueurs, ignorent jusqu'au premier principe de la gymnastique suédoise et confondent aisément les muscles avec les nerfs.

Pour lutter contre cet épuisement, on se dope avec des douches, de l'alcool, du café. Conclusion, voilà le père futur d'un petit tuberculeux ou d'un atrophié.

Pourtant le rugby, le foot-ball, en général, ne peut-être réservé aux athlètes de naissance, chacun doit pouvoir participer à ses charmes et aussi à ses avantages.

Mais alors préparons-nous par une saine gymnastique à en supporter l'effort par le jeu normal des organes.

Assurément, il y aura toujours fatigue, mais non point

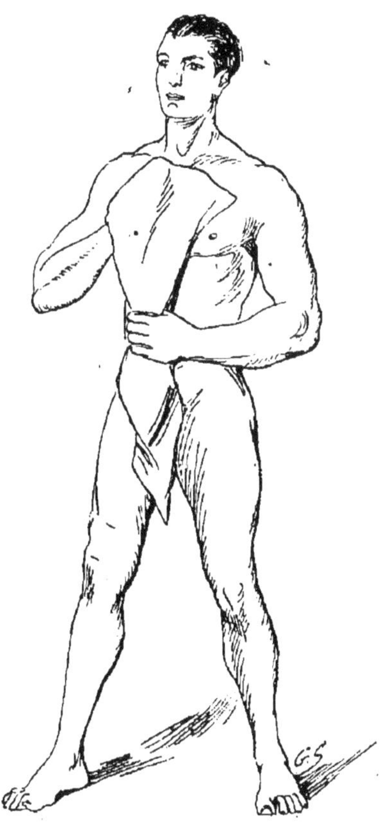

Figure 14.
Friction avec la serviette.

révolution intime, cœur surmené, artères dilatées, petits vaisseaux rompus.

Dans ce cas, la fatigue sera réparée par une nuit de bon sommeil, dans le cas contraire, elle ne le sera jamais.

Tout ceci n'est pas de la littérature, mais le fruit de constatations scientifiques constantes.

De tout ce qui précède, il résulte que notre méthode intéresse tous les jeunes gens, tous ceux également qui aspirent à jouer un rôle actif dans les manifestations sportives.

Il ne doit pas cependant rester indifférent aux hommes déjà au seuil de la maturité.

Par notre entraînement peu pénible et gradué, ils retrouveront une élasticité des jointures qui commence à défaillir, ils lutteront avec facilité contre l'essoufflement, les épuisements subits sans raison apparente.

Pour la femme, à cause de sa constitution physiologique, la question change de face. Nous ne leurs recommanderons pas essentiellement notre méthode, nous pourrions plutôt lui préférer la gymnastique suédoise habituelle, en réduisant les mouvements au minimun effectif.

Il existe en effet, dans tous les procédés de culture physique par la gymnastique en chambre, une multitude de gestes et de mouvements dont l'utilité n'est pas facile à démontrer.

La vérité est que chacun a voulu lui apporter le fruit de sa propre expérience, ce qui finit par composer une masse confuse, dans laquelle l'étudiant peut malaisément choisir.

Afin d'éliminer toute ces inutilités, il est nécessaire de revenir à l'examen du squelette et des muscles, c'est ce que nous nous proposons de faire dans notre prochaine étude.

La gymnastique dite suédoise, doit-être, en effet, le complément naturel de notre premier entraînement et comme nous l'avons reconnu plus haut, elle le suivra immédiatement.

Celui-ci se terminant à l'arrière-automne, il sera bon de profiter de l'hiver, pour se préparer, par un travail gradué, à supporter les efforts que nous ménage le renouveau de la belle saison.

A ce moment, il sera temps d'exercer nos membres inférieurs, ainsi que les muscles corespondants, par le saut sous toutes ses formes, la course, la marche accélérée.

Si les premier et deuxième stade de l'entraînement ont été bien menés, on doit être capable de terminer l'assouplissement du corps entier pendant un seul été. C'est-à-dire que l'on exercera, dans cet intervalle, les membres inférieurs, puis les membres supérieurs.

L'hiver qui suivra, verra poindre les tentatives au dehors, malgré les froids plus ou moins violents.

La gymnastique suédoise sera encore continuée, afin de tenir l'organisme en haleine et lorsque le troisième printemps luira, on pourra prendre part sans crainte, aux grandes manifestations publiques.

De même, il sera préférable de ne pas trop s'adonner au rugby avant cette époque. Mais à ce moment on sera en possession de tous ses moyens.

Si toutefois on n'atteignait pas dans la solitude, les records moyens de l'année, sans trop de fatigue, il sera prudent de poursuivre l'entraînement une troisième année.

Nous appelons record moyen, pour le saut par exemple la moitié de l'intervalle entre le meilleur et le plus mauvais saut connu de l'année.

Disons pour préciser:

Le recordman va à 1m.82.

X... dans telle manifestation a fait 1m.12, nul autre n'étant descendu au-dessous.

Le record moyen sera 1m.35.

Ces chiffres ne sont évidemment ici que comme explication et n'ont aucune valeur réelle pour le temps à courir.

Que ce soit en course, au lancement, ou en tout autre catégorie, on opèrera de même pour connaître ce record moyen.

Lorsque l'on note dans le cours de l'entraînement certaine défaillance bien caractérisée, comme des crampes, un essoufflement brusque, des éblouissements, on visitera immédiatement le médecin qui indiquera la cause de cette défaillance et donnera d'utiles conseils pour la suite de l'entraînement.

Ces petites défaillances ne doivent jamais être négligées au début, elles sont le signe avertisseur de maladies graves, si l'on persiste à ne pas tenir compte des nécessités de l'organisme.

Tel exercice sera néfaste à l'un et profitable au voisin; le médecin seul est susceptible de discerner la vérité. Il vaut toujours mieux prévoir que guérir.

Néanmoins, nous ne disons pas cela pour le présent entraînement, qui ne doit causer aucun de ces malaises.

Cependant, si durant la marche rythmée, on notait un léger étourdissement, il faudrait, pendant quelques jours, cesser le comptage et marcher simplement, la canne contre les omoplates dans la position indiquée.

On reprendra ensuite le comptage et si les étourdissements ne se reproduisent plus, on le continuera.

Si au contraire ils persistaient, une visite au médecin serait indiquée et il pourrait se faire qu'il défendît tout exercice violent.

En résumé, le présent entraînement consiste en:

La régularisation de la respiration.

La régularisation de la circulation.

La nécessité d'éviter tout effort brutal avant que tous les muscles aient atteint le degré d'assouplissement voulu.

Une bonne alimentation qui permette à l'organisation de brûler ou d'expulser tous les déchets.

La nécessité de fuir l'eau glacée en affusions soudaines, résumant l'hydrothérapie dans le tub tiède et quotidien.

Si l'étudiant se juge satisfait du résultat obtenu durant ce premier semestre, il poursuivra le travail, en adoptant la deuxième partie de notre méthode, ce sera là notre meilleure récompense, car nous aurons ainsi reçu son approbation, c'est-à-dire la confirmation des quelques axiomes que nous avançons.

Cette seconde partie de l'entraînement, nous l'étudierons dans le tome II, en essayant d'y apporter toute la clarté possible.

En attendant nous ne pouvons que souhaiter bon courage et plein succès à l'étudiant qui voudra se mettre à la tâche sans crainte, et aura assez d'énergie, d'esprit de suite pour persévérer sans défaillance durant tout le temps nécessaire.

Le sport, comme beaucoup de choses dans la vie, ne trouve sa récompense que dans la patience et la ténacité.

Un esprit léger, un caractère faible, ne connaîtront jamais les succès sportifs.

FIN

TABLE DES MATIERES

Imp. de la Librairie Artistique, 66, Boulevard Magenta. Paris.

Liste d'ouvrages recommandés

Le Développement Musculaire

Tome II

de l'Entraînement Américain

Cet ouvrage est la suite du présent entraînement; il fournit tous les détails nécessaires à connaître pour le développement rationnel des muscles. C'est la méthode unique de préparation aux grands sports, comme la course, le lancer..., etc.

En outre il nous permet de continuer notre entraînement pendant l'hiver, sans solution de continuité, ce qui est appréciable. Il nous donne également de nouveaux renseignements sur les massages, le régime alimentaire, etc..., etc... En un mot, il complète le Tome Ier et forme avec lui un tout complet que chaque jeune homme désireux d'acquérir force et santé doit avoir lu.

Prix : **5** francs.

La Course, le Saut, le Lancer

Tome III

Arrivé à un certain degré d'entraînement général, on commence à s'essayer dans les différents sports. On trouvera dans ce volume, les meilleures méthodes de préparation pour chacun de ces sports; depuis la marche sportive jusqu'au lancer du marteau. Une hygiène est en outre nécessaire; cet ouvrage nous l'indiquera avec précision. La question du cross-country si à la mode actuellement y est soigneusement étudiée. Enfin il nous donne le régime et l'entraînement à suivre en vue d'une participation aux divers championnats.

Prix : **5** francs.

La Natation et l'Aviron

Tome IV

Tout ce qu'il faut savoir sur ces deux questions. La nage est un sport à la portée de tout le monde, encore faut-il la pratiquer sagement et pour cela connaître une multitude de détails que l'on ignore généralement.

Les différentes nages de course modernes y sont étudiées avec précision, mettant chacun à même de les pratiquer aisément.

L'étude sur l'aviron est aussi fort complète; elle nous enseigne quelle est la structure des divers esquifs usuels; comment on pratique l'aviron en course, comment on s'entraîne.

Prix : **5** francs.

La Bicyclette et le Cyclisme

Tome V

La composition de la bicyclette, son montage, les réparations de fortune, l'entraînement du cycliste, son hygiène, les contre-indications à ce sport. En un mot tout ce qu'il faut savoir sur le plus démocratique des moyens de transport.

Cet ouvrage s'adresse tout particulièrement aux amateurs de grand tourisme, qu'il met au fait des mille petites ruses nécessaires.

Quiconque possède une bicyclette, quiconque veut en acheter une, doit lire ce livre qui lui fournit tous les renseignements nécessaires.

Prix : **5** francs.

Energie et Volonté

Chacun possède en soi la possibilité de multiples réalisations. Ce qui fait défaut, le plus souvent, c'est la mise en mouvement du moteur principal, c'est-à-dire la Volonté. Ce livre nous apprend à développer cette volonté, à en accroître la puissance. Il ne s'agit pas ici de procédés plus ou moins extravagants; c'est un moyen purement mécanique et physiologique que nous offre Schemahni. Cette volonté est en nous, il suffit d'établir un certain équilibre mental, pour lui permettre de se manifester. Or, cet équilibre est obtenu par un régime *ad hoc*, que quiconque peut suivre. L'auteur ne vous demande pas de répéter dix fois de suite : Je veux. Il vous conseille seulement : Faites ceci, faites cela, et lentement vous verrez votre énergie se révéler à votre grand étonnement. Dans cet ouvrage, rien n'a été négligé pour mettre l'étudiant à même de dominer cette faiblesse mentale qui s'appelle manque d'énergie. Par ce traitement il acquiert la puissance sur soi-même et sur les autres. Naturellement, Schemahni n'a pas oublié le régime alimentaire que nombre de nos lecteurs lui avaient réclamé. Lisez ce livre et vous verrez qu'il ne ressemble à aucun, traitant de la même question.

VOULEZ-VOUS RÉUSSIR EN TOUT?

Lisez : ENERGIE ET VOLONTÉ

Volume richement illustré

Prix : **15** francs. Franco : **16** francs.